Autobiographie eines Christen

Oscar Garcia Fernandez

Autobiographie eines Christen

Oscar Garcia Fernandez

© 2019 Oscar Garcia Fernandez

Herstellung und Verlag:
BoD – Books on Demand, Norderstedt

ISBN: 978-3-7386-5950-4

Vorwort

Dies ist eine Autobiographie eines Christen, der andeutet, wie schwer das Leben eines Christen ist.

Oscar Garcia Fernandez

Lebenslauf

Oscar Garcia

1964	**geboren in Wuppertal, Germany**
	Ausbildung als Elektriker
1984	**Bekehrung zum Christentum**
1989	**Attentat von der Unterwelt**
	Begraben unter einem LKW mit 40 Tonnen Last
	Fall der Berliner Mauer
2001	**Sturz in den Atlantik. Die Polizei fischt mich um 6.00 Uhr nachts, morgens aus dem Atlantik**

Ich bin ein Gegner des Islam. Sie hassen die Wahrheit, lieben den Tod, und verachten die Liebe.

Ich bin ein Prophet, nicht der Prophet. Von Berufung bin ich Soldat, mit dem Rang eines Offiziers. Verwechseln Sie mich nicht mit einem General. Apostel sind Generäle.

Das meiste in dieser Welt passiert im Verborgenen.

Ich bin der Fürst von Monaco. Möge das bedeuten, was auch immer.
Ich tausche mein Leben mit das des Keinen.

Oscar Garcia Fernandez, Wuppertal 2010

Mein Name ist Oscar Garcia Fernandez und ich wurde in Deutschland, Wuppertal, geboren. Ich bin jetzt 55 Jahre alt und bin am 20. November 1964 geboren. Ich war ein Kind einer spanischen Emigranten-Familie und verbrachte meine Kindheit bis zum 7. Lebensjahr in Mühle, das war ein Dorf bei Wuppertal. Ich hatte eine Schwester, die war 2 Jahre älter als ich und einen Bruder, der war 4 Jahre jünger als ich. Mit 4 Jahren nahm mich meine Mutter zum Arzt mit, weil ich nie weinte, ob ich krank sei. Mit 6 Jahren wurde ich in Wuppertal in einer Grundschule eingeschult. Als ich 8 Jahre alt war und in der 2. Klasse, entschlossen sich meine Eltern, mich nach Spanien in ein Internat zu schicken, was sie auch taten. In Spanien im Internat, dadurch, dass ich in Deutschland aufgewachsen war, konnte ich kein richtiges Spanisch und kam in der Schule nicht klar. Nach kurzer Zeit verlor ich das Interesse an der Schule und schwänzte sie die meiste Zeit. Mit 8 Jahren wusste ich schon, was es heißt, einsam zu sein. Meine Oma, die in der gleichen Stadt wohnte, wo auch mein Internat war, machte sich Sorgen und erzählte das meinen Eltern. Sie erzählte ihnen, dass ich vor die Hunde gehen würde, wenn ich im Internat bleiben würde. Da entschlossen sich meine Eltern, mich wieder nach Wuppertal zu holen, was sie auch taten. In Deutschland angekommen, kam ich in der deutschen Schule auch nicht mehr klar. Jetzt konnte ich nicht nur kein

Spanisch mehr, sondern auch kein richtiges Deutsch. Damit war mit 8 Jahren meine schulische Karriere ruiniert. Ich habe nie richtig Schreiben gelernt, bis auf den heutigen Tag. Mit 10 Jahren kam ich dann auf eine Emigranten-Schule, wo ich mit Mühe und Not meinen Hauptschulabschluss schaffte. Danach fing ich mehrere Ausbildungen an, die ich ebenfalls nach ein paar Wochen abbrach. Meine Mutter machte mir schon als Kind das Leben zur Hölle. Ich musste immer, wenn ich rausging zum Spielen, meinen 4 Jahre jüngeren Bruder mitnehmen, sonst bekam ich Hausarrest. Können Sie sich vorstellen, mit 10 Jahren ein 6 jähriges Kind mitzunehmen? Oder mit 14 Jahren ein 10 jähriges Kind mitzunehmen? Wie gesagt, ich musste ihn überall mit hinnehmen, sonst bekam ich zu Hause riesigen Ärger. Mit 14 Jahren ließen sich meine Eltern scheiden. Mein Bruder blieb bei meiner Mutter, meine Schwester zog zu meinem Vater und ich blieb zwischen den zwei Stühlen hängen. Ich hatte schon mit 14 Jahren kein Zuhause mehr.

In der Emigrantenschule in Wuppertal hatten wir einen Lehrer, der verteilte Einser wie Bonbons. Alle wollten eine Eins haben und waren gut. Da habe ich begriffen, schon als Kind, dass es besser ist zu belohnen als zu bestrafen.

Als ich 11 Jahre alt war, nahm meine Mutter mein Lieblingskuscheltier, riss es mir aus der Hand und schmiss es in den Ofen. Wir hatten damals einen Kohleofen in der Wohnung. Das Kuscheltier war schon ziemlich alt, es war aber trotzdem sehr hart für mich. Ab da entschloss ich mich, keine Kuscheltiere mehr zu haben, außer in meinen Geist. So entstand in mir eine innere Welt, wo Brüder und Schwestern in Harmonie mit den Tieren lebten. Diese innere Welt war eine Insel, wo 60 bis 70 Brüder und Schwestern lebten und die Liebe regierte. Diese wundervolle innere Welt lebt heute noch in mir. Abends, wenn ich schlafen geh, schlaf ich immer mit ihr ein.

Mit 14 Jahren, als sich meine Eltern scheiden ließen, hatte mein Vater zwei Wohnungen. Eine in Spanien, wo er mit meiner Schwester lebte, und eine andere Wohnung in

Wuppertal, wo er gemeldet war. Die brauchte er, weil er Arbeitslosengeld bezog. In dieser Wohnung in Wuppertal lebte ich schon mit 15 Jahren fast alleine. Nebenbei kaufte mein Vater Autos in Deutschland, die er in Spanien verkaufte. Mit 15 Jahren besuchte ich eine Fachschule für Design und arbeitete bei McDonalds. Daher, dass ich keine Miete bezahlen musste, waren die 400 Mark, die ich bei McDonalds verdiente, viel Geld. Mit 16 Jahren passierte etwas, das ich bis heute nicht verstehe. Meine Schwester aus Spanien machte Urlaub bei mir. Sie brachte mir das Haschisch-Rauchen bei. Nach kurzer Zeit schmiss ich die Schule, den Job bei McDonalds und war nur am Hasch rauchen interessiert. Es begann bei mir wieder eine grausame Zeit. Ich hatte kein Geld und alle Bekannten hielten sich fern von mir.

Als ich 14 war, hatten meine meisten Bekannten schon einen Bart und eine Freundin und ich nicht. Ich war noch ein Kind mit 14. Meine erste Freundin hatte ich mit 21. Ich war voller Minderwertigkeitskomplexe und hatte kein Selbstbewusstsein, halt wie so ein Kind ist. Später erfuhr ich, dass es umso besser ist, je später man erwachsen wird. Die Kinder, die mit 14 schon erwachsen sind, bleiben ihr ganzes Leben auf dem Stand eines 14jährigen.

Da ich keine Freundin hatte, voller Minderwertigkeitskomplexe war und kein Selbstbewusstsein hatte, wie halt so ein Kind ist, nannte man mich

„den Fertigen". Ich hatte Angst, abgelehnt zu werden. Das beschäftigte mich andauernd.

Mit 16, nach einem Jahr hungern und Einsamkeit, entschloss sich mein Vater, mich zu einer Ausbildung nach Bayern zu schicken. Dort hätte man auch automatisch ein Wohnheim zur Verfügung, was ich auch nutzte. Ich lernte Elektroniker. Ich habe mich damit nie identifiziert. Das ist mir egal, ob die Elektronen von rechts nach links fließen oder von links nach rechts. Ich hätte lieber einen Job gehabt, wo ich mit Menschen zu tun hätte. Aber mein Vater meinte immer, lern Elektroniker, die sitzen den ganzen Tag auf dem faulen Arsch und haben eine gesicherte Zukunft. Ich machte die Ausbildung in Bayern. Im Wohnheim, wo ich wohnte, lebten ungefähr 20 Auszubildende. Sie arbeiteten im Bereich Metall, Elektro und Hotelfachmann, bzw. lernten. Einmal im Monat schloss das Wohnheim für ein Wochenende und die Auszubildenden hatten die Gelegenheit, zu ihren Familien zu fahren. Da meine Mutter mich nicht aufnahm, musste ich in der Zeit in irgendwelche Keller einbrechen, um zu übernachten. Die ersten zwei Jahre in der Ausbildung verliefen ziemlich normal. Doch dann begann wieder das Grauen. Ich lernte erst einen Heroinsüchtigen kennen, dann zwei, dann einen Dealer und in kürzester Zeit kannte ich nur noch Heroinsüchtige und Dealer. Ich zog aus dem Wohnheim aus und suchte mir mit dem Ausbildungsgeld ein

Apartment, in das ich dann einzog. Da ich nur Heroinsüchtige kannte, hatte ich zwei Möglichkeiten. Entweder heroinsüchtig zu werden oder zu vereinsamen. Ich brach alle Kontakte ab und entschloss mich, zu vereinsamen. In der Ausbildung erzählte man mir von einem Menschen, der 5 Mal am Tag betete und fastete. Ich war sehr interessiert, ihn kennenzulernen. Als man ihn mir vorstellte, fluchte er rum und schmiss ein U-Stahl. Beinahe hätte er mich am Kopf getroffen. Da wusste ich, er betet nicht den gleichen Gott wie ich an. Mitten in meiner Einsamkeit brach ich die Ausbildung nach 2 ½ Jahren ab. Abends, bevor ich schlafen ging, ging ich in meine innere Welt ein, wo alles in Ordnung war. Diese Insel, wo 60 bis 70 Brüder und Schwestern in Harmonie mit den Tieren lebten und die Liebe regierte. In dieser inneren Welt gingen wir alle arbeiten und ernährten uns von dem, was wir ernteten. Es gab eine Kupferschmiede, in der wir das wenige Werkzeug, das wir brauchten, wie Teller oder Gläser, erarbeiteten. Auf der Insel heirateten wir auch, wir hatten aber keinen Sex, sondern liebten uns wie Kinder. Auch kannten wir die Lüge nicht.

Mit 20, nachdem ich vor 2 Monaten die Ausbildung geschmissen hatte, inmitten meiner Einsamkeit, entschloss ich mich, zum ersten Mal ein Buch zu lesen. Ich entschied mich für die Bibel. Sie war das meist gelesene Buch der Welt und hatte die Jahrtausende überlebt. Für mich war die Bibel nichts Besonderes. Ich dachte, das sein so ähnlich wie ein Western-Roman. Ich war schon mal mit 11 Jahren Messdiener gewesen und das Einzige, was ich mitgekriegt habe, war, dass es bei Taufen und Hochzeiten ein fettes Trinkgeld gab.

Schnell begriff ich beim Lesen, dass die Bibel kein Western-Roman war. Ich merkte, dass dieses Buch Bibel lebt. Ich fand zum ersten Mal ein Zuhause und eine Heimat in der Bibel. Kürzeste Zeit später fastete ich 3 Tage. Ich aß nichts und trank nichts in der Zeit und las nur die Bibel. Ich rauchte auch in der Zeit nicht. Dann betete ich zum Herrn, ich möchte dir nachfolgen, ich weiß aber nicht wie es geht. Nach 3 Tagen nichts essen und nichts trinken, da erschien mir der Teufel. Ich dachte erst, ich träume, aber ich war hellwach. Nach einigen Minuten verschwand er wieder. Ab da fühlte ich mich verfolgt. Immer, wenn ich einschlafen wollte, hupte ein Auto und so weiter.

Da ich das so von Filmen kannte, dachte ich, die Mafia sei hinter mir her. Ich muss wohl mit den Drogensüchtigen in Konflikt gekommen und in eine Mafia reingeraten sein. Ich dachte, ich hätte Wanzen im Zimmer. Nach mehreren Tagen des Nicht-Schlafens und des Bibel-Lesens wollte ich nur noch eins, direkt in den Himmel. Ich versuchte, mir die Pulsadern aufzuschneiden. Nach sechsmal Zuschneiden traf ich sie nicht. Dann versuchte ich, mir ein Messer ins Herz zustechen, wobei ich später erfuhr, dass das Messer zu kurz war. Ich konnte nicht mehr und halb tot entschloss ich mich, das Apartment zu verlassen. Mein Apartment war in einem Dorf fünf Kilometer von der nächsten Stadt entfernt und ich machte mich auf den Weg in die Stadt. Auf dem Weg zur Stadt, zu Fuß, waren nicht hundert, sondern tausende von Raben links und rechts von mir auf den Feldern. Ich hatte das Gefühl, dass jede Minute einer im Auto vorbeikommt und mich erschießt. Raben sind Boten der Unterwelt. Ich dachte, ich müsste jede Minute sterben. Was muss der Tod bitter sein. Das muss wohl die Brutzeit der Raben gewesen sein. Das war in Bayern.

In der Stadt angekommen, nahm ich mir vor, einen Zug nach West-Berlin zu nehmen und in der DDR aus dem Fenster zu steigen. An der Grenze zwischen der BRD und der DDR fuhr der Zug langsam, so dass ich aus dem Fenster fliehen konnte. Wenige Minuten später verhaftete mich die Polizei in der DDR. Nach einer Stunde Verhören, schickten sie mich in einem Zug wieder zur BRD. In der Bundesrepublik zog ich mich in der Fußgängerzone nackt aus, mir war es egal, ob man mich ermordet oder ob man mich verhaftet. Ich wollte nur, dass das Ganze ein Ende nimmt. Ich landete zum ersten Mal in meinem Leben in der Psychiatrie. Es war die Stadt Marburg. Nach einwöchigem Psychiatrie-Aufenthalt kam der Arzt zu mir, erzählte mir, dass ich großes Glück mit den Selbstmordversuchen hatte und dass ich an einer paranoiden Schizophrenie leide. Ich dachte, schön, kann man das essen? In der Psychiatrie hatte ich das erste Mal Sex mit einer Frau. Ich habe heute noch ein Leck im Herzen von dem Messerstich.

Nach zwei Monaten Klinikaufenthalt nahm ich Kontakt mit meinem Vater auf. Der war gerade in Deutschland und ich zog zu ihm nach Wuppertal. Er pendelte immer noch zwischen Deutschland und Spanien hin und her. Er hatte immer noch ein leeres Apartment in Wuppertal, wo ich dann einzog. Ich war zu der Zeit einundzwanzig Jahre alt und durch die Ausbildung bekam ich ein bisschen Arbeitslosengeld, so dass ich meinen Aufenthalt finanzieren konnte.

Ich brauchte keine Miete bezahlen und auch keinen Strom. War auch schon einigermaßen erwachsen, so dass ich mit dem Allein-Sein zurechtkam. Sechs Monate später passierten mir wieder komische Sachen und ich fühlte mich wieder verfolgt. Ich bat meinen Vater, dass er mich nach Spanien mitnehme. Ich dachte wieder, die Mafia hätte mich entdeckt. So kam ich nach Spanien und wohnte bei meiner Oma. Nach kürzester Zeit fühlte ich mich wieder verfolgt und ich entschloss mich, zurück nach Deutschland zu ziehen, wo ich zum zweiten Mal in Wuppertal in der Psychiatrie landete. Ich wusste diesmal, dass es nicht die Mafia sein konnte und ich entschloss mich, die Tabletten zu nehmen, die man mir in der Psychiatrie verschrieb.

Ich bekam vom Arbeitsamt eine Möglichkeit, die Ausbildung zu Ende zu machen, die ich auch nutzte. Man bewilligte mir Ausbildungs-Beihilfe, so dass ich mir ein Apartment finanzieren konnte und ein Auto. Das Apartment war ruhig und günstig. Meine Mutter hatte ein spanisches Restaurant, wo ich abends kellnern konnte. Mit fünfundzwanzig endete meine Hasch-Sucht und kam dafür in die Spielsucht. Ich verspielte die Hälfte meines Einkommens in der Spielhalle. Im Restaurant meiner Mutter lernte ich eine Inderin kennen, in die ich mich verliebte. Heute weiß ich, dass ich sie nicht genommen habe, sondern dass man mich mit ihr verkuppelt hatte. Die Inderin half in der Küche mit und war mit einem Chemiker verheiratet. Sie hatten ein eigenes Haus und waren wohlhabend. Mit der Zeit wurde ich ein guter Freund von dem Mann, dem Chemiker, und wir haben uns praktisch die Frau geteilt. So lebte ich praktisch fünf Jahre in Ehebruch.

Jeden Tag und am Wochenende saßen wir mit einem Paket Videos vor dem Fernseher. Einmal in der Woche sonntags gingen wir auf der Kö spazieren, das ist eine Edelstraße in Düsseldorf, wo wir dann in irgendeinem Restaurant aßen. So verlief unsere ganze Woche. Es gab keine besonderen Höhepunkte. Einmal sagte mir einer, Fernseh gucken macht die Persönlichkeit kaputt. Seitdem hatte ich keinen

Fernseher mehr und ich kann das nur bestätigen.

Einmal im Jahr landete ich in der Psychiatrie für zwei bis drei Wochen. Immer das Gleiche. Mami, Mami, ich werde verfolgt. Daraufhin meine Mutter, du bist verrückt, ich bring dich in die Psychiatrie. Aufgrund komischer Sachen, die mir passierten, die ich nicht erklären konnte, kam ich immer ins Krankenhaus. Ich wusste, dass es die Mafia nicht mehr ist.

Ich besuchte eine Pfingst-Gemeinde, sie haben mich gehasst, ich ging aber trotzdem einmal die Woche hin. Ich verkehrte auch in einem Hauskreis, wo sich sogenannte Christen trafen.

Eines Tages passierte mir etwas Unglaubliches.

Ich war ungefähr sechsundzwanzig Jahre alt und auf dem Weg zur Ausbildung, Ich stand mit meinem Wagen an der Ampel, es war ungefähr sieben Uhr, da kam mir ein LKW, ein Vierzig-Tonner, durch die Scheibe geflogen. Der LKW war ein Tankwagen, der zu schnell die Kurve nahm und in den Gegenverkehr kippte, wo ich mit meinem Auto stand. Und mir kam nicht die Kabine, sondern die Tanklast kippte bei mir aufs Auto. Ich hatte drei Sekunden Zeit, um zu sagen, Gott sei meiner Seele gnädig. Da gab es einen großen Knall und ich wachte auf der Intensivstation eines Krankenhauses auf. Der Wagen war total flachgedrückt. Die höchste Stelle im Auto, wo ich drin lag, war nur noch bis zur Kniescheibe hoch. Nicht ein

Knochen wurde mir gebrochen. Ich hatte eine leichte Milz-Ruptur, die geklebt werden konnte und nicht entfernt werden brauchte. Das war ein Attentat von der Unterwelt.

Begraben unter einem LKW mit vierzig Tonnen Last. Ich habe eine kleine Narbe auf der Wange. So nah war der LKW an meinem Kopf dran.

Ich frage mich bis heute, ob der Unfall was mit dem Fall der Berliner Mauer zu tun hatte. Nach zwei Wochen wurde ich als gesund aus dem Krankenhaus entlassen.

Vom LKW Unfall bekam ich zwanzigtausend Mark Schmerzensgeld. Da dachte ich mir, da ich das so von meinem Vater kannte, ich mache Geschäfte und mache daraus das Doppelte. Nach zwei Jahren hatte ich kein Geld mehr. Ich kaufte z. B. ein Auto für sechstausend Mark und verkaufte es für zweitausend Mark. Damit war meine Karriere als Geschäftsmann zu Ende. Da wusste ich, mich legt ein kleines Kind rein.

Zu der Zeit ließ ich mir meine Zähne machen. Man empfahl mir einen Zahnarzt, zu dem ich auch hinging. Da ich noch etwas Geld von den zwanzigtausend Mark hatte, nahm ich das Teuerste, Keramik-Gold-Kronen. Der Zahnarzt machte mir sechs Kronen und sechs Monate später waren die Zähne kaputt und er zog mir die sechs Zähne mit den Kronen. Was für ein Arschloch. Die ganze Arbeit umsonst und meine Zähne auch noch kaputt gemacht.

Neben der Ausbildung lernte ich das Sozial-psychiatrische Zentrum kennen. Das war ein Cafe, wo psychisch Kranke verkehrten. Neben der Spielsucht, die ich immer noch hatte, wollte ich die Sexualität kennenlernen, über die so viele Dichter geschrieben haben. Ich lernte zu dieser Zeit viele Frauen im SPZ kennen, mit denen ich auch Sex hatte. Aber ich empfand es als belanglos. Ich hatte das Verlangen nach richtigem Sex. Ein Orgasmus, das kann doch nicht alles sein. Immer das Gleiche, nach einer Frau kam die nächste. Doch das war alles nichts.

Ich machte die Ausbildung zu Ende und bestand die Abschlussprüfung mit eins.

Mit sechsundzwanzig kam ich wieder in die Klinik, aber diesmal war es anders. Ich sollte nicht mehr rauskommen. Nachdem es mir zwei Wochen sehr schlecht ging, verfluchte ich Gott und seinen Sohn. Da fiel eine Panik über mich, dass, nur wenn ich an Gott dachte, zitterte. Daraufhin gab mir der Arzt Haldol, ein Psychopharmaka und die Panik wurde immer schlimmer, so dass ich immer mehr nach mehr Haldol verlangte. Mir ging es von Tag zu Tag schlechter. Ich konnte nicht sitzen und nicht stehen. Ich kannte nur einen Ältesten in der Gemeinde, den ich jede Woche anrief, er möge vorbeikommen, um mit mir zu beten. Meint ihr, er wäre in den sieben Monaten Krankenhausaufenthalt einmal gekommen. Nicht einmal, so viel zu den sogenannten Christen. Mit der Panik im Rücken fragte ich den Arzt, ob die Panik nicht vielleicht von dem Haldol kommen könnte. Daraufhin erwiderte er, nein. Die Panik würde von mir kommen. Abends kam mich immer meine Mutter besuchen und brachte mir Leckereien mit, die meine Panik nur noch schlimmer machten. Meine Mutter meinte, ich sollte für immer in der Psychiatrie bleiben, da gehöre ich hin. Nach sieben Monaten Aufenthalt kam ich das erste Mal für einen Wochenendurlaub nach Hause in mein Apartment. Da besuchte mich ein Freund und machte mir klar, dass sie mich in der Klinik mit Haldol fertig machen würden. Haldol würde die innere Panik noch verzehnfachen. Im gleichen

Augenblick ergriff ich das Telefon und meldete mich in der Klinik ab. Ich suchte mir einen neuen Arzt, der mir dann ein anderes Medikament gab. Nach zwei Wochen war die Panik weg. Sieben Monate Panik in der Psychiatrie, das muss man sich mal wegdenken.

Ich sagte zu Gott, ich lass dich in Ruhe und du lässt mich in Ruhe. Und so begann ich, mich mit der Seele des Menschen zu beschäftigen. Heute weiß ich, wenn ich die sieben Monate Panik zu Gott nicht gehabt hätte, wäre ich eine Marionette des Teufels in irgendeiner Freikirche geblieben. Ich hätte mich nie getraut, anders zu denken, als die sogenannten Christen. So dass sich mir Gott von einer anderen Seite öffnete. Nachts, bevor ich einschlief, ging ich immer in meine Insel, meine innere Welt, in der alles in Ordnung war, ein. In dieser inneren Welt lebten wir alle wie Brüder und Schwestern und es gab keine Bosheit. Seit ich vierzehn bin, gehe ich nachts immer in diese Welt ein. Danach erinnerte ich mich an den Spruch in der Bibel, der sagt, denen, die Gott leiben, werden alle Dinge zum Besten dienen.

Idole sind für Kinder und Erwachsene wichtig. Meine Idole oder Helden oder wie man sie nennt, waren mit zwölf Jahren Westernhelden, Bibel- und Gangsterfilme. An den Westernhelden fand ich nicht gut, dass sie aus zweihundert Meter Entfernung einen Apfel trafen, sondern dass sie starke Persönlichkeiten waren. An den Bibel-Idolen fand ich gut, die Liebe, die sie verkörperten, ohne schwach zu sein. Und an den Gangsterfilmen fand ich gut die Justiz, die sie verübten. Da gab es kein „ich hab es nicht gewusst" oder „beweisen Sie es mir". Wenn sie was geglaubt haben, sie haben nicht jedes Geschwätz geglaubt, dann warst du dran. So entstand ein Teil meiner Persönlichkeit. Ich finde es traurig, wenn ein Kind von zwölf Jahren einen Fußball-Idioten als Held hat, dann lieber Musiker.

Mit siebenundzwanzig Jahren begann die Disco-Zeit. Wir waren eine Truppe von vier, fünf Leuten und waren zwei bis drei Mal in der Woche in der Disco. Einer von

Bekannten hatte Geld, so dass wir alles problemlos finanzieren konnten. Ich habe schon mal die Disco mit sechzehn Jahren kennengelernt. Da waren zwei Jugend-Clubs, die machten samstags immer Disco. Ich habe diese Discos gehasst. Ich war noch ein Kind und die Leute um mich herum waren auch genauso alt wie ich und hatten schon Freundinnen, ja manche waren sogar verlobt. Zu der Zeit, als sechzehnjähriges Kind, interessierte ich mich noch überhaupt nicht für Frauen. Ich hatte nur mein Haschisch. Na ja, mit siebenundzwanzig war das anders. Ich interessierte mich sehr für Frauen. Ich lernte auch in diesem psychiatrischen Cafe mehrere Frauen kennen, mit denen ich auch Sex hatte. In der Disco entdeckte ich oder entwickelte ich das meditative Tanzen, mit dem ich die Hälfte der Frauen verrückt machte. Anders als beim normalen Tanz, wo man zwanzig Prozent mit der Seele tanzt und achtzig Prozent mit dem Körper, tanzt man beim meditativen Tanz achtzig Prozent mit der Seele und zwanzig Prozent mit dem Körper.

Ich war jedes Jahr zwei Wochen in der Psychiatrie, aber das störte mich nicht. Als ich die Ausbildung zu Ende hatte, begann die Jobsuche. Man stellte mich schnell ein, aber man ekelte mich auch genauso schnell wieder raus. Nach vielen angebrochenen Jobs sagte ich zu Gott, dass er mir wenigstens eine Job gebe, dass ich wenigstens sechs Monate arbeiten könnte. Und das ich danach Anspruch auf Arbeitslosengeld hätte. Und ich bekam einen Job bei einer Leihfirma, wo man mich in Ruhe ließ, so dass ich danach Anspruch auf Arbeitslosengeld hatte.

Mit siebenundzwanzig Jahren interessierte ich mich sehr für Sex. Ich wollte das Geheimnis der Sexualität kennenlernen, worüber manche Religionen den Teufel an die Wand malen, andere lassen sie steinigen und worüber tausende Dichter schreiben. Was ist das, dieser Sex, dass Könige Morde begehen. Ich hatte bisher Sex mit mehreren Frauen, aber das waren nur 08/15-Nummern. Genauso gut hätte ich es mir selber machen können. Dieser Orgasmus von zehn Sekunden kann doch nicht alles sein.

Mit achtundzwanzig passierte allerdings noch etwas. Ich hatte Sex mit drei Frauen und aus irgendwelchen Gründen klappte es mit der Potenz nicht. Da dachte ich, ich wäre impotent auf Grund von dem Psychopharmaka, das ich nahm. Es war für mich so peinlich, dass ich nicht mal darüber sprechen konnte. Es war auch die Zeit, wo ich mich mit der Seele des Menschen befasste. Ich weiß nicht wie, aber auf einmal war ich in einem Verein, keine Sekte, und die schickten mir Prospekte von den besten Büchern und Autoren in dieser Richtung. Ich befasste mich mit allem, was die Seele beinhaltet; den Verstand, das Selbstbewusstsein, die Persönlichkeit, Loslassen, bedingungslose Liebe usw. So studierte ich die Seele und die Persönlichkeit des Menschen.

Mit der Überzeugung, dass ich impotent sei, ging ich mit keiner Frau mehr ins Bett. So peinlich war mir das. Ich habe zwar mit mehreren Frauen rumgeknutscht, aber ich hatte keinen Sex, obwohl sehr viele Frauen in der Disco hinter mir her waren.

Na ja, mit dreißig Jahren passierte es und ich hatte wieder Sex. Ich wusste auf einmal, dass ich nicht impotent war. So machte ich mich wieder auf die Suche nach dem Geheimnis von Sex. Ich verkehrte in Swinger-Clubs, wechselte meine Partnerinnen wie andere Leute ihre Unterwäsche und das war alles nichts. Es musste doch noch mehr geben, als diesen blöden

Orgasmus, der nur zehn Sekunden dauert. Das erste Mal, dass ich bei einer Sex-Orgie war, stellte ich mir das sehr spannend vor, da ich das so von Sex-Filmen kannte. Wir waren zwanzig Leute auf einer Matratze und es war furchtbar. So ein Durcheinander. Vor mir ein Mann, links von mir eine Frau, rechts von mir wieder ein Mann, ich wusste nicht, ob ich mit einer Frau oder einem Mann schlafe. Na ja, das war auch nichts.

Zu der Zeit hatte ich eine Freundin, die ging mit meinen ganzen Kumpels ins Bett. Das tat weh. Aber dank ihr, habe ich Loslassen gelernt, wie kein anderer in Wuppertal. Ich war zwei Jahre in sie verliebt, als ich drei Wochen bei ihr wohnte, bin ich rückwärts wieder rausgegangen. Die

Frau, in die ich verliebt war, gab es nur in meinem Kopf.

Ich verkehrte in diesem psychiatrischen Cafe, wo ich auch aß. Nebenbei hatte ich auch noch die Spielsucht. Aber irgendwie, mit Müh und Not, schaffte ich es trotzdem, den Monat rumzukriegen. Als ich ungefähr dreiunddreißig Jahre alt war, lernte ich eine Frau kennen, die auch in Swinger-Clubs und auf Sex-Partys verkehrte. Ich hatte eine Woche lang Sex mit ihr. Sie machte alles mit und ich hatte jede Art von Sex mit ihr. Vom Anpissen bis Analverkehr und alles, was man sich so vorstellen kann. Ich hatte fünf Orgasmen an einem Tag. Doch auch das war nichts. Das kann doch nicht alles sein, dieser Orgasmus. Da kann ich es mir auch selber machen. So hatte ich in kürzester Zeit mehr als zwanzig Freundinnen. Ich habe mich für jede Art von Sex interessiert. Gewalt-Spiele habe ich strengstens abgelehnt.

Ich habe mich manchmal gefragt, wieso ich nicht einen Job habe, eine Frau in der Disco kennenlernen würde, zwei Kinder und eine Eigentumswohnung hätte. Naja, mein Leben sollte halt anders sein, und das war gut so.

Nebenbei beschäftigte ich mich immer noch mit der Seele des Menschen. Ich studierte die besten Bücher, die es in dieser Richtung auf dem Markt gab.

Ich baute viele Minderwertigkeitskomplexe ab. Viele Blockaden im Kopf lösten sich und mein Selbstbewusstsein veränderte sich.

Dann entdeckte ich auch die Meditation, nicht die buddhistische Meditation. Diese Meditation hatte nichts mit Religion zu tun. Die Meditation sprach mich sehr an, ich meditierte jeden Tag. Nebenbei beantragte ich die Rente. Ein Bekannter von mir meinte, ich sollte das auf jeden Fall mal versuchen. Die Rentenkassen seien voll. Nach kürzester Zeit bekam ich die Rente und hatte dreihundert Mark mehr als ein Sozialschwacher.

Jeden Tag traf ich mich in diesem sozial-psychiatrischen Cafe mit Leuten, mit denen ich auch etwas unternahm. Meine Mutter hatte nicht mehr das Restaurant, sondern eine Kneipe, wo sie Alkoholiker mit Alkohol versorgte. Da meinte sie, ob ich nicht für ein paar Stunden hinter der Theke stehen könnte, sie würde mich gut bezahlen, was ich auch tat. Einen Monat später hatte ich einen Fahrrad-Unfall und brach mir die rechte Kniescheibe. Man sagte mir, ich werde nicht mehr richtig laufen können, nach sechs Monaten war der Bruch ausgeheilt und ich konnte laufen, wie jeder andere auch.

Einige Zeit später lernte ich den Buddhismus kennen. Den Hinduismus hatte ich ja schon kennengelernt in der Zeit, wo ich mit der Inderin zusammen war. Ich beschäftigte mich zwei Jahre mit dem Buddhismus, obwohl er mich nicht ansprach. Ich verstand von dem, was sie da predigten, nicht das

Geringste. Und die Meditation war keine Meditation, sondern eine reine Buddha-Anbetung. Ich dachte mir, so ein Quatsch, irgendwelche Bronze-Statuen zu verehren, die weder Seel noch Herz haben. Na ja , nach zwei Jahren hatte ich nichts mehr mit ihnen zu tun.

Buddha war ein Teufel. Die Dämonen sind erleuchtet. Menschen können das nicht. Menschen haben ein Gehirn, Dämonen nicht.

Ich meditierte weiter mit einer Meditation, die das Unterbewusstsein ansprach und bereicherte, und nichts mit Religion zu tun hatte.

Mit der Meditation, ich weiß nicht wie, verschwand meine ganze Einsamkeit im Leben.

Ich weiß nicht wie und nicht wann, irgendwann mal vor dem LKW-Unfall lernte ich die Zeugen Jehovas kennen. Zwei von den ältesten der Zeugen Jehovas, das waren keine Anfänger, besuchten mich einmal die Woche. Wir sprachen in der Zeit über die Bibel. Ich dachte mir, was ist das für ein Ding. In der Gemeinde hassen sie mich und sind froh, wenn ich nicht komme, und die Zeugen Jehovas besuchen mich jede Woche, um über Gott zu sprechen. Nachdem sie mich zwei Jahre besucht hatten, ging ich das erste Mal in ihre Kirche, die Königssaal hieß, und ging rückwärts wieder raus. Sie plapperten nur den Wachturm nach. Da war nicht einer, der eigenständig gedacht hat. Und später erfuhr ich, dass sie nicht die Leute besuchen, weil sie ihren Glauben lieben, sondern weil man sie zwingt. Sie glauben, der Glaube sitzt im Kopf. Der Glaube sitzt in der Seele und nicht im Kopf. Dazu ist unser Kopf zu klein. Aber die Zeugen Jehovas glauben nicht an die Seele des Menschen, sie denken, der Mensch sei ein Gehirn. Zu denen sage ich, Fleisch und Blut kommen nicht zu Gott. Auf jeden Fall wurde ich kein Zeuge Jehovas.

Einmal waren wir in Gran Canaria mit meinen Geschwistern und ein paar Bekannten. Als wir am Strand lagen, entfernte ich mich von der Truppe. Als ich ungefähr fünfhundert Meter entfernt war, lag da ein Mann am Strand, der sich sonnte. Neben ihm war ein Ziegelstein. Da kam eine Stimme zu mir und sagte, wenn du an Gott glaubst, hau dem Mann den Ziegelstein auf den Kopf. Und das war bitter ernst. Ich sagte zu der Stimme, ich glaube an Gott, aber ich haue dem Mann nicht den Ziegelstein auf den Kopf. Stattdessen ziehe ich mich nackt aus. Und als ich mich nackt ausgezogen hatte, verschwand die Stimme.

Eine Frau, die ich kennenlernte, meinte, ich würde auf tausend Hochzeiten tanzen. Heute bin ich froh, dass ich das kann. Nur wenige Menschen können das.

Nebenbei bin ich auch mit meinem Aussehen gesegnet. Ich sehe gut aus, habe einen athletischen Körperbau, ohne jemals Sport getrieben zu haben und bin ein Meter neunzig groß.

Mit vierunddreißig Jahren ungefähr entstand in diesem sozialpsychiatrischen Cafe eine Schreibgruppe, an der ich teilnahm. Wir waren ungefähr zehn Leute und auf einmal entdeckte ich das Schreiben und das Malen. Es war, als würde jemand durch mich schreiben und malen. So entstanden zu der Zeit mehrere Schriften und Bilder von mir. Ich malte mit Öl und ohne das jemals gelernt zu haben, konnte ich das auf Anhieb.

Zu der Zeit hatte ich mal zweitausend Mark und ich entschloss mich, das erste Mal ins Bordell zu gehen. Mit den zweitausend Mark verbrachte ich ein ganzes Wochenende im Bordell. Ich dachte mir, wenn ich eine bildhübsche Frau nehme, würde ich das Geheimnis der

Sexualität entdecken. Und ich bekam eine bildhübsche Frau. Vielleicht die Schönste, die ich je gehabt habe. Nach zwei Stunden Sex war das auch nichts. Da nahm ich eine sehr liebe Frau, die mich anhimmelte, aber auch das war nichts. Da meinte der Bordell-Besitzer, ich sollte es mal mit zwei Frauen versuchen. Ich suchte mir die zwei hübschesten Frauen aus und nahm sie. Auch das kannte ich von Sex-Filmen. So ein Blödsinn. Man kann nicht mit zwei Frauen gleichzeitig Sex haben. Man kann sich nur auf eine konzentrieren. Enttäuscht ging ich nach Hause. Ich dachte mir, was soll dieser Sex sein, worüber tausende Dichter in der Welt schreiben und manche Religionen das verteufeln. Der Bauch war nach jedem Sex-Akt ein bisschen entspannter, das war auch alles.

Die zweitausend Mark hatte ich nicht über. Ich hatte von der Bank eine Kreditkarte bekommen ohne Limit. Ich frage mich bis heute, wie das bei meinem geringen Einkommen möglich war. Das verstehe ich bis heute nicht. Auf jeden Fall, als ich fünftausend Mark in den Miesen war, die ich sowieso in meinem ganzen Leben nicht zurückbezahlen konnte, war es mir egal, ob ich fünftausend Mark oder ob ich zwanzigtausend Mark Schulden hatte. Ich gab in zwei Monaten zwanzigtausend Mark aus. Z. B. kaufte ich mir ein Motorrad für viertausend Mark, das ich dann drei Monate später für sechshundert

Mark verkaufte. Ich ging teuer Essen, usw. und so fort.

Mit der Schreibgruppe entstand meine erste Schrift „die Geburt eines Gottes", die mein Leben veränderte. Wie gesagt, es war als würde jemand durch mich hindurchschreiben und – malen. Es war nicht mein Kopf.

Mit fünfunddreißig Jahren fand ich wieder den Weg zu Gott und zu der Bibel. Aber diesmal war alles anders. Ich kannte mich mit den Geheimnissen der Bibel aus.

Man fragte mich, ob ich nicht ab und zu verliebt wäre. Ich war häufig verliebt, allerdings verstehe ich das bis heute nicht, das Verliebt-Sein. Man stellt mir zehn Frauen vor und ich verliebe mich in die, mit der ich am wenigsten zusammenpasse. Dazu kam noch, die Frau, in die ich mich verliebte, gab es nur in meinem Kopf. Als ich dann die Frau kennenlernte, stellte ich jedes Mal fest, dass das ein anderer Mensch ist, als die, die in meinem Kopf war. Ich kann mir vorstellen, das Verliebt-Sein spielt sich nur im Bauch ab. Da setzt der Kopf total aus.

Einige Zeit dachte ich, Gott sei ein Ding, wie die Sonne es ist. Gott hat zwar kein Gehirn, ist aber kein Ding, sondern eine Person. Viele Wesen haben kein Gehirn, wie z. B. Dämonen, Engel, Geister usw.

Mit sechsunddreißig Jahren erfuhr ich, dass meine Mutter ein Haus in Teneriffa gekauft hatte und dass sie dort ihre Altersrente genießen wollte. Sie meinte zu mir, ob ich nicht mit ihr nach Teneriffa ziehen wollte. Da scheint das ganze Jahr die Sonne und es gibt sehr viele hübsche Frauen.

Am gleichen Tag packte ich meinen Rucksack und nahm einen Zug nach Berlin. Ich dachte mir, ich geh in die Psychiatrie und suche mir von da aus einen Wohnung in Berlin. Ich hatte das Bewusstsein, meine Mutter zieht mich ohne meinen Willen nach Teneriffa und steckt mich für immer in die Psychiatrie. In Berlin angekommen fand ich keine Wohnung und ich weiß nicht, was man mir für Tabletten in der Psychiatrie gegeben hat, innerhalb kürzester Zeit hatte ich vergessen, dass meine Mutter nach Teneriffa zieht und war in einem Zug Richtung Wuppertal. Es dauerte auch nicht lange, in Wuppertal angekommen, ich weiß bis heute noch nicht wie, saß ich in einem Flugzeug mit meiner Mutter Richtung Teneriffa.

In Teneriffa angekommen, verliefen die ersten drei Monate normal. Meine Mutter hatte ein Haus. Das war eine große Wohnung und über ihr war ein kleines Zimmer mit Terrasse, wo ich dann wohnte. Dieses Zimmer mit dem Blick auf den Hof hatte eine Mauer, so dass man nicht auf die Straße gucken konnte. Das Zimmer war nur fünfzehn Quadratmeter groß. Dagegen war eine Zelle im Knast Luxus.

Ich weiß bis heute nicht, warum sich meine Mutter Teneriffa ausgesucht hat. Wir haben keine Verwandten da.

Dann begann das Grauen.

Nach kürzester Zeit wollte meine Mutter, dass ich nicht mehr in ihrer Wohnung verkehre, so dass ich den ganzen Tag in diesem Zimmer war. Ich kannte keine Leute. Den ganzen Tag saß ich in dem Zimmer mit dem Blick auf den Hof. Na ja, die erste Zeit verlief noch normal. Morgens ging ich zum Strand und nachmittags kochte ich für mich.

Eines Tages, ungefähr nach drei Monaten, wo ich in Teneriffa war und in diesem Zimmer vegetierte, kam eine Stimme zu mir und erzählte mir, meine Mutter wollte mich für immer in die Hölle stecken. Ich nahm meinen Rucksack und zog direkt zur nächsten Stadt, die ungefähr vierzig Kilometer entfernt war. Es war nachts und ich ging zu Fuß zur Stadt. In der Stadt erschöpft angekommen, dachte ich mir, schläfst du im Park und ernährst dich von den Mülltonnen. Wenige Stunden später war ich in so einer Bucht. Da erzählte mir die Stimme, stürz dich ins Meer, deine Mutter steckt dich in die Hölle, da kommst du nie mehr wieder raus. Vollkommen fertig mit den Nerven stürzte ich mich ins Meer, in der Hoffnung, nicht in die Hände meiner Mutter zu fallen. Als ich mich in den Atlantik stürzte, es war sechs Uhr morgens, total dunkel, nur mein Kopf guckte aus dem Wasser raus, waren auch schon auf einmal drei Jachten hinter mir her. Das war unmöglich, das war eine ganz einsame Bucht. Ich dachte mir, wie konnten sie mich entdecken in so einer Bucht. Sie haben auf mich gewartet. Nicht einmal den Tod haben sie mir in Teneriffa gegönnt.

Wären die Jachten nicht gewesen, wäre ich innerhalb einer Stunde ertrunken.

Na ja, auf jeden Fall wenige Minuten später kam ein Polizei-Schiff, das mich da rausfischte. Sie steckten mich direkt in die Psychiatrie. Das war keine Psychiatrie, das war ein Alptraum. Das war eine Abteilung von fünfhundert Quadratmetern, geschlossen in einem Krankenhaus, da kam keiner raus und wir hatten alle Knast-Kleidung an. Keiner sprach mit mir, weder die Ärzte noch die Pfleger, in den zwei Monaten, in denen ich da war. Es gab keine Zigaretten, keine Süßigkeiten, rein gar nichts. Und meine Mutter hat mich nicht einmal besucht und mir nicht mal eine Tafel Schokolade vorbeigebracht.

Einmal meinte ich zu den Pflegern, sie können mir Tabletten geben, sie mögen mir aber bitte diese Spritzen nicht geben, die ich kriegte. Da kamen sie zu sechs Mann und auch ohne dass ich Gewalt anwendete, spritzten sie mir die. Nach sechs Wochen, wo ich noch mit keinem Arzt gesprochen hatte, kam der Arzt zu mir und erzählte mir, dass ich schwer krank sei und dass ich in den Langzeitbereich in die Geschlossene gehen sollte. Ich erwiderte, ich möchte es wenigstens noch einmal in meiner Wohnung versuchen. Da verschwand er, ohne etwas zu sagen.

Die Ärzte redeten telefonisch nur mit meiner Mutter. In den zwei Monaten, wo ich da war, sprach keiner mit mir. Nach zwei Monaten kam ein Pfleger und meinte, ich könnte gehen. Die Abteilung, wo ich war, war eine geschlossene Anstalt, da gab es keinen Ausgang. In den zwei Monaten war ich nicht einmal draußen.

Im Apartment angekommen, dieses ekelhafte Zimmer, meinte ich zu meiner Mutter, ich hatte einen Termin beim Arzt, sie sollen mir diese Spritzen nicht geben. Da meinte meine Mutter, wofür willst du Tabletten, die nimmst du sowieso nicht. Auf jeden Fall fuhr sie mich zum Arzt und verschwand auch direkt. Auch da sprach kein Arzt mit mir. Es kamen ein paar Pfleger und gaben mir diese drei Spritzen. Später habe ich erfahren, dass Psychopathen diese Spritzen kriegen.

Jeden Tag in diesem Zimmer kam meine Mutter und redete mir ein, ich sollte in die Langzeit-Psychiatrie gehen. Dort kümmere man sich um mich und dort sind auch solche Leute wie du. Jedes Mal, wenn sie mir das einredete, flossen ihr Tränen vor Freude. Sie dachte, ich komme aus Teneriffa nie mehr wieder raus und würde für immer in der Geschlossenen landen.

In Wuppertal erzählte mir meine Mutter andauernd, dass ich für immer in die Psychiatrie gehen sollte. Ich hielt das immer für ein Geschwätz. Heute weiß ich, dass das kein Geschwätz war. Aber diesmal sollte ich nie mehr wieder von der Psychiatrie in Teneriffa rauskommen. Teneriffa ist eine Insel im Atlantik dreitausendfünfhundert Kilometer vom Festland entfernt. Halb erstarrt vor Angst sah ich mich schon in einer geschlossenen Anstalt für immer in Teneriffa. Da sagte mir eine Intuition, keine Stimme, ich sollte sofort die Insel verlassen.

Am nächsten Morgen, es war fünf Uhr morgens, machte ich mich mit siebenhundert Mark, die ich hatte, auf den Weg. Ich wusste nicht, wo ich landen werde. Es war Weihnachten. Halb erstarrt vor Angst hatte ich eine Packung Beruhigungstabletten, die ich jede Stunde einnahm. Wir wohnten einer sehr abgelegenen Gegend, so dass es fast unmöglich war, daraus zu kommen. Um sechs Uhr morgens ging ich zur Bushaltestelle und schon wenige Minuten später kam der Bus zum Dorf. Im Dorf angekommen, kam auch schon nach wenigen Minuten der Bus in die Stadt. Nach kurzer Zeit kam auch schon der Bus zum Hafen. Im Hafen angekommen, sagte man mir, ich soll das Ticket auf dem Schiff ziehen, die Fähre würde in wenigen Minuten ablegen.

Teneriffa hatte auch einen Flughafen, aber ich dachte mir, wenn du keinen Flug kriegst, bist du wenigstens nicht mehr in den Händen deiner Mutter. Ich nahm die Fähre nach Gran Canaria. Gran Canaria war eine Nebeninsel von Teneriffa. Als ich am Hafen von Gran Canaria angekommen war, kam auch schon der Bus zur Hauptstadt. Kaum war ich in der Stadt angekommen, fuhr auch schon der Bus zum Flughafen. Im Flughafen angekommen, ging auch schon ein Flug nach Frankfurt.

Wäre ich fünf Minuten später aufgewacht, hätte ich nie den Bus gekriegt, nie die Fähre gekriegt. Die Fähre fuhr nicht alle zehn Minuten, sondern nur einmal am Tag. Ich hätte auch den Flug nie gekriegt. Auch da gab es nicht jeden Tag einen Flug. Auf jeden Fall nahm ich den Flug nach Frankfurt.

In Frankfurt angekommen, kam auch schon ein Zug nach Düsseldorf. Düsseldorf ist eine Stadt, dreißig Kilometer von Wuppertal entfernt. Um sechs Uhr morgens dann, kam ich in Wuppertal an.

Ich bin mit siebenhundert Mark von Teneriffa losgegangen und bin mit drei Mark in Wuppertal angekommen.

Die ganze Flucht war auf die Minute genau arrangiert. Ich hätte das aus eigener Kraft nie geschafft und ich hätte nie eine zweite Chance gekriegt. Ich wäre schwachsinnig gespritzt in einer geschlossenen Anstalt in Teneriffa gelandet, wo ich nie mehr wieder rausgekommen wäre. Nicht einmal den Tod hätten sie mir gegönnt. Sie hätten mich buchstäblich lebendig begraben. Das Hölle, von der mir die Stimmen erzählten. Wie wollen Sie schwachsinnig aus einer geschlossenen Anstalt mit Knastkleidung ohne Geld und ohne Ausweis von einer Insel, dreitausend

Kilometer vom Festland entfernt, entkommen. Und dazu kam auch noch, am Flughafen in Teneriffa, das war der Flughafen Nord, gab es nur zwei Flüge die Woche. Der Flughafen war nur fünfzig Kilometer vom Apartment entfernt. Wäre ich auf die Idee gekommen, zu diesem Flughafen zu fahren, wäre ich von Teneriffa nie mehr wieder weggekommen. Ich hätte keinen Flug gekriegt.

Meine Mutter hatte sich das schon in Wuppertal so ausgedacht. Ich sollte nie aus Teneriffa rauskommen.

In Teneriffa hätte ich nie mehr wieder gelacht. Ich hätte nie mehr wieder eine Tafel Schokolade gegessen. Ich hätte nie mehr wieder eine nackte Frau gesehen. In

Spanien, zu dem Teneriffa gehört, gibt es kein Taschengeld, keine Zigaretten, rein gar nichts. Du hast nur das, was dir deine Verwandten mitbringen. Und wenn du keine Verwandten hast, hast du gar nichts. Du kriegst auch keine Lieben von niemand.

Auf jeden Fall in Wuppertal angekommen, sollte das Grauen nicht vorbeisein. Ich rief mehrere Bekannte an, die ich von früher hatte, und keiner nahm mich auf. Da dachte ich an einen, der war ein Arschloch und lebte alleine. Da schellte ich bei ihm und er sagte mir, ich könnte vorerst bei ihm wohnen. Andauernd schrie er mich ohne Grund an und suchte Streit. Nach drei Wochen kamen er und die

Mutter meines Kindes an, sie hätten eine Wohnung für mich gefunden.

Ich setzte mich in Verbindung mit der Vermieterin und machte einen Besichtigungstermin aus. Sie zeigte mir eine Wohnung im Erdgeschoss, die vollkommen zerstört war. Die ganzen Wände waren eingeschlagen. Da meinte ich, nein. Und sie zeigte mir eine Wohnung im ersten Stock. Sie war renoviert und nach dem Schock von der Parterre-Wohnung nahm ich sie. Das war eine sehr verrückte Wohnung. Die Diele war größer als die Zimmer. Es gab zwei viereckige kleine Zimmer, hatte vierzig Quadratmeter und sie hatte keine Türen. Selbst die Wohnungstür war nur ein Brett. Das Haus war in der Nachkriegszeit gebaut und war aus Bauschutt. Die Wände waren fast wie aus Papier. Man konnte den Nachbarn husten hören. Im ganzen Haus wohnten nur Alkoholiker und andere Kranke, wie ich später erfuhr.

Auf jeden Fall ging das Grauen wieder von vorne los. Den ganzen Tag verrutschte der Nachbar über mir die Möbel. Und die ganze Nacht knallte der Nachbar unter mir die Türen auf und zu. Nachts unter mir der Nachbar und tags über mir der Nachbar. Sie ließen mich nicht eine Nacht schlafen. Immer wenn ich die Augen zumachte nachts, knallte eine Tür, so dass ich erschrocken die Augen wieder aufmachte. Ich hatte schon Panik, die Augen zuzumachen. Kaum war die Nacht vorbei, das ging bis fünf Uhr morgens, das Türen auf- und zuknallen, fing der Nachbar über mir auch schon die Möbel zu verrutschen an. Ratsch, ratsch, ratsch ging das.

Nachdem ich ein paar Wochen nicht geschlafen hatte, hatte ich schon Panik, die Augen zu schließen. Ich dachte mir, wieso stört mich das und die anderen Nachbarn nicht. Ich wollte ausziehen, aber ich kriegte das nicht auf die Reihe. Sie ließen mich nicht eine Nacht schlafen, weder tags noch nachts. Ich dachte mir, drei Monate Kündigungsfrist, drei Monate Kaution, Umzug usw. schaffe ich nicht.

Nach mehreren Monaten nicht schlafen, ging ich in die Klinik. Ich konnte da schlafen und nach zwei Wochen schickten sie mich wieder zurück nach Hause. Und wieder ging das los. Immer wenn ich die Augen zumachte, knallte eine Tür. Ich hatte tagsüber schon Panik, wenn ich an die Nacht dachte. Später habe ich erfahren, dass einen nicht schlafen lassen, eine Foltermethode sei. Ich ließ mir Valium verschreiben, aber selbst auch damit konnte ich nicht schlafen. Die Wände aus Papier und das Knallen der Türen waren unglaublich, so etwas hatte ich vorher noch nie erlebt.

Nach sechs Monaten setzte ich mich in den Intercity in Richtung einer anderen Stadt, in der Hoffnung, dass ich dableiben konnte. Ich ging in die Psychiatrie, das wiederholte ich zehn Mal, jedes Mal in einer verschiedenen Stadt, aber sie schickten mich immer wieder in die Wohnung zurück. Selbst aus Berlin, ungefähr fünfhundert Kilometer von

Wuppertal entfernt, schickten sie mich zurück.

Nach einem Jahr Schlafstörungen wollte ich nicht mehr leben, nur noch sterben. Jede Nacht betete ich zu Gott, er schenke mir egal was für einen Tod, nur kein Selbstmord. Ich wollte nur, dass es aufhört und sterben. Öfters im Winter, in der Hoffnung, dass ich einschlafen und erfrieren würde, legte ich mich auf eine Parkbank. Das wiederholte ich oft, fror, konnte aber nicht einschlafen. Nach einem Jahr kamen dann auch zu den Schlafstörungen Stimmen, die mir sagten, ich solle mich vor den Zug schmeißen. Ich käme in den Himmel. Ein Jahr lang habe ich diese Stimmen gehört. Sie sagten zwar die Wahrheit, aber heute weiß ich, ich wäre in den

Himmel gekommen, voll zerstückelt. Da dachte ich an die Bibel, wo Jesus sagt, der Menschensohn hat nirgendswo einen Platz, wo er sich niederlegen kann. Mit anderen Worten, mein Herr hatte nirgendswo einen Platz, wo er sich ausruhen konnte.

Ich entschloss mich, einen Zug nach Paris zu nehmen, in der Hoffnung, dass sie mich nicht zurückschickten. Ich hatte ab und zu mal einen Sekundenschlaf, aber ich wollte nur, dass es im Kopf aufhört, egal, ob es mein Leben kosten würde. Ich wollte nur sterben, nur kein Selbstmord. In Paris angekommen, zog ich mich in der Fußgängerzone bewusst nackt aus, so dass ich in die Psychiatrie kam, was ich auch bezweckte. In der Psychiatrie konnte ich dann normal schlafen. Ich erzählte ihnen nicht, dass ich aus Deutschland kam, nicht, dass die auf die Idee kämen, mich zurückzuschicken. Stattdessen erzählte ich ihnen, ich käme aus Spanien. Was erlitt ich in Wuppertal für eine Verfolgung, dass man mich nicht eine Nacht schlafen ließ. Ich weiß nicht wie, aber die Franzosen machten mir klar, dass ich nicht in Frankreich bleiben konnte. Und ich weiß auch bis heute noch nicht wie, kam einer von der Botschaft vorbei und erzählte mir, dein Vater hat dir das Ticket nach Leon in Spanien bezahlt. Leon war die Stadt, wo mein Vater lebte. Und ich weiß nicht wie, auf einmal saß ich im Zug nach Leon.

Auch da wusste ich, mein Vater lässt mich ein Leben lang nicht in Ruhe. Er würde keine Ruhe geben, bis man mich wegsperrt. So stieg ich drei Städte vor Leon aus. Das war die Stadt Vitoria. Ich ging zum Sozialdienst für Obdachlose und man gab mir einen Gutschein für fünf Tage in der Jugendherberge. Nach den fünf Tagen ging ich wieder zu dem Sozialdienst und sie machten mir klar, dass sie mich hier in dieser Stadt nicht haben wollen.

Nach mehreren Tagen Umherirrens, nicht schlafen und nicht essen, zog ich mich wieder in der Fußgängerzone aus. Ich landete in der Klinik. Ich weiß nicht wie, aber mein Vater holte mich von der Klinik ab. Er ließ mich nicht in seine Wohnung, stattdessen steckte mich in das Haus meiner Oma. Meine Oma war schon längst verstorben, mein Neffe wohnte da. Er machte gerade eine Ausbildung. Das war kein Haus, das war eine Baracke. Mit der Einstellung, mein Vater hätte nicht vor, dass ich da lange wohnen bleibe, verließ ich das Haus. Ich setzte mich wieder in den Zug nach Vitoria. Vitoria ist eine der reichsten Städte Spaniens. Und bat sie, ob sie nicht einen Heimplatz für mich hätten. Sie sagten, geh zu deinem Vater, der sucht dir einen Platz. Hier haben wir nichts für dich.

Wieder nach wochenlangen Umherirren und obdachlos sein, versuchte ich, dass ich wenigstens einen Schlafsack kriegte. Aber auch das war fast unmöglich. In Spanien gibt es keine Obdachlosen-Heime. Ich ging zur Polizei und sagte denen, ich möchte nur ein Bett und einen Teller Suppe, da stellten sie mich vor einen Richter. Der telefonierte mit meinem Vater und sie steckten mich ins Gefängnis. Hier hast du ein Bett und einen Teller Suppe. Es war kein Sicherheitsgefängnis, aber man musste schon über eine sehr hohe Mauer klettern, wenn man rauswollte. In dieser Knast-Psychiatrie gab es keine Arbeit, kein Taschengeld, rein gar nichts. Ich hatte keine Schuhe, lief in Pantoffeln rum und fragte den Sozialarbeiter, ob er ein Paar Schuhe für mich hätte. Da meinte er zu mir, wir sind doch keine Apotheke.

Na ja, ich dachte mir, sie behalten mich ein paar Monate da und schicken mich dann zurück nach Deutschland. Von wegen, zurück nach Deutschland. Sie wollten, dass ich ihnen die Vollmacht über meine

Rente gebe. Da fragte ich einen Mithäftling, wie lange er schon da wär, da meinte er, neun Jahre. Da fragte ich einen anderen, der meinte fünfzehn Jahre. Sie wollten mich nicht für ein paar Monate, sie wollten mich für immer dabehalten. Ich hätte da bestimmt keinen Urlaub gemacht.

Eines Tages betete ich im Flur des Gefängnisses, da sagte eine Stimme zu mir, flieh aus dem Gefängnis, du bist in Gefahr. Und die Stimme führte mich aus dem Gefängnis raus. Ich kletterte über die drei Meter hohe Mauer und ich weiß nicht wie, ich kam zum Bahnhof. Ohne diese Stimme hätte ich den Fluchtweg nie entdeckt. Ich bin den nie vorher gegangen. Ohne die Stimme hätte ich den Ausweg nie gefunden. Auf jeden Fall führte mich die Stimme zum Bahnhof und verließ mich dann. Die Knast-Psychiatrie war in einer Stadt, in der ich vorher noch nie gewesen bin. Auf jeden Fall kam eine Stunde später auch schon der Zug nach Leon. Ohne Fahrkarte und ohne Geld setzte ich mich in den Zug. Und ich weiß nicht wie, auf jeden Fall kam ich in Leon an. Ich ging wieder zu meiner Omas Haus und bat meinem Neffen, der da wohnte, ob er mir nicht zweihundert Euro leihe, für die Fahrkarte zurück nach Deutschland. Sobald ich in Deutschland wäre, würde ich ihm das Geld überweisen.

Nachdem ich drei Tage da wohnte, rief er meinen Vater an. Der holte dann, ohne mich zu sehen, die Polizei. Da klingelte es bei mir an der Tür. Ich guckte aus dem Fenster raus, da standen zwei Polizei-Autos. Ich machte die Tür auf und fragte, ob ich verhaftet sei. Sie meinten, nein, ich solle aber sofort mit ihnen mitkommen. Ich sagte zu ihnen, wenn ich nicht verhaftet bin, lassen sie mich bitte in Ruhe. Fünf Minuten später klingelte es wieder an der Tür. Wieder das gleiche. Sie sind nicht verhaftet, aber Sie kommen sofort mit uns mit. Fünf Minuten klingelte es wieder an der Tür, Sie sind verhaftet. Wie ich später erfuhr, gab es keinen Haftbefehl gegen mich. Ich war im Gefängnis ohne Haftbefehl. Auf jeden Fall statt mich direkt zum Gefängnis zu fahren, haben sie mich verhaftet und direkt zum Polizei-Präsidium gefahren. Ohne Haftbefehl im Gefängnis. Verrückt, was. Auf der Polizeiwache verhörten sie mich stundenlang. Andauernd drohten sie, mich in ein Sicherheits-Gefängnis zu stecken. Ich fragte sie, wie lange können Sie mich ohne Haftbefehl festhalten. Da meinten sie, sechsundsiebzig Stunden. Da erwiderte ich, lesen Sie mir meine Rechte vor. Ich kann kein Spanisch und kenne mich mit Gesetzen nicht aus. Es war, als würde jemand durch mich hindurch sprechen.

Nachdem sie mich zehn Stunden lang verhört hatten, lasen sie mir meine Rechte vor und ließen mich gehen. Ich kam in Leon in ein normales Krankenhaus. Dort lernte ich eine Frau kennen, die mir das Ticket nach Deutschland bezahlte. Sie meinte, sie hätte schon Jahrelang nicht mehr geliebt und hätte durch mich wieder lieben gelernt. Das wäre das

Schönste, was sie in den letzten Jahren erlebt hat.

Später dachte ich mir, was in der Bibel geschrieben steht, seine ärgsten Feinde werden seine eigenen Hausgenossen sein. Was müssen sie mich gehasst haben, um mir nicht einmal eine Tafel Schokolade zu gönnen. Ich kann mir vorstellen, mein Vater hätte sein halbes Vermögen gegeben, wenn sie mich für immer in die Psychiatrie stecken würden. In der Psychiatrie macht man keinen Urlaub, da geht es einem sehr dreckig. Ich kenne nirgendwo einen Platz, wo mehr gefoltert wird als in der Psychiatrie.

Später erinnerte ich mich, auch was in der Bibel steht, macht euch keine Sorgen, wenn ihr verhört werdet, was ihr sagen sollt, es wird euch zu der Zeit eingegeben werden. Auch aus dem Gefängnis war die ganze Flucht arrangiert. Ich wäre nie alleine aus den Händen meines Vaters losgekommen. Ich wäre im Gefängnis ekelig verreckt.

In Wuppertal angekommen, ging ich in die Psychiatrie und erzählte ihnen, dass ich nie wieder in die Wohnung zurückgehen möchte. Da dachten sich die Ärzte, ich sei kaputt und redeten mit meinem Betreuer, ich hatte seit einem halben Jahr einen Betreuer, ob ich nicht ins Heim will. Ich sagte, gerne.

Am gleichen Tag traf ich einen Freund, den ich schon jahrelang nicht gesehen hatte, in der Eisdiele. Er erzählte mir, dass er eine große

Wohnung hat und dass er sich so alleine fühlte. Das war ein sehr guter Freund von mir. Da fragte ich meinen Betreuer, ob ich bei ihm wohnen dürfte, und er erlaubte es. Als ich eine Woche bei ihm wohnte und normal schlafen konnte, wusste ich, dass der Fluch vorbei war. 2001 bis 2003 bin ich durch die Hölle gegangen. 2003 bin ich bei Dirk, diesem Freund, eingezogen.

Ich hab in dieser Zeit, 2001 bis 2003, jeden Obdachlosen, jeden Penner in Wuppertal beneidet. Wenn man mich fragt, was habe ich lieber, diese drei Jahre oder sieben Jahre in der Türkei in einem normalen Gefängnis, sage ich blind, in der Türkei in einem Knast.

Ein Jahr führte ich mit Dirk ein harmonisches Leben, und wir haben uns nie gestritten. Wir hatten sehr viel Spaß zusammen. Nach einem Jahr meinte der Vermieter, er wolle nicht, dass wir zusammen wohnen, sonst würde er die Miete erhöhen. Da entschloss ich mich, mir eine Wohnung zu suchen. Ich dachte mir, hoffentlich geht die Scheiße nicht wieder von vorne los, das überlebe ich nicht. Das war 2004 als ich ein Apartment fand, in dem ich noch heute glücklich wohne.

In den letzten fünfzehn Jahren war ich nur drei Wochen in der Psychiatrie. 2005 bekam ich auch einen Job auf dem zweiten Arbeitsmarkt, den ich bis heute noch habe. Wo ich mir ein bisschen Geld neben meiner Rente dazu verdienen kann.

Drei Jahre, nachdem ich den gesetzlichen Betreuer hatte, erfuhr ich von der Rentenversicherung, dass ich statt einer, zwei Renten bekam. Ich erzählte meinem Betreuer, dass ich nur Anspruch auf eine Rente habe, da meinte er, er hätte fünf Mal die Rentenversicherung angeschrieben und sie hätten ihm jedes Mal erzählt, dass ich Anspruch auf zwei Renten habe und dass das korrekt sei. Da fragte ich meinen Betreuer, was er mit den zwei Renten gemacht hätte, er antwortete, er hätte meine ganzen Schulden bezahlt. Die lagen bei zwanzigtausend Euro und ich wäre jetzt schuldenfrei.

Heute noch, wenn ich an die Zeit zwischen 2000 und 2003 denke, bekomme ich Schweißausbrüche.

Auf jeden Fall schrieb ich die Rentenversicherung an und erzählte ihnen, dass ich nur Anspruch auf eine Rente hatte. Da schrieben sie meinen Betreuer an, sie hätten sich vertan, ich sollte die zwanzigtausend Euro, die sie mir zu viel gezahlt haben, zurückzahlen. Da erwiderte mein Betreuer, dass das Geld weg sei und dass er damit meine Schulden bezahlt hätte. Er erwiderte auch, dass er sie jahrelang angeschrieben habe. Auf jeden Fall ging das von Anwalt zu Anwalt jahrelang hin und her, und wir einigten uns, dass ich die fünftausend Euro, die ich noch auf dem Konnte hatte, zurückzahlen sollte und die Sache wäre damit erledigt. Was wir auch taten. So war ich ohne Zutun meine Schulden los, die ich ein Leben lang nicht mehr zurückzahlen hätte können.

Als ich zwei Jahre in diesem Betrieb auf dem zweiten Arbeitsmarkt war, kam eine Bekannte bei mir zu Hause vorbei mit zwei kleinen Hunden und fragte mich, ob ich einen davon haben wolle. Da nahm ich einen. Ich hatte mir schon lange einen Hund gewünscht. Ich hatte schon mal einen Hund in Pflege, da war ich fünfundzwanzig Jahre alt, da hatte ich aber das Bewusstsein für Tiere nicht. Sie waren für mich nur wie ein Spielzeug. Aber mit dem neuen Hund war das ganz anders. Wir haben uns gegenseitig geliebt. Er war nicht mehr ein Spielzeug, sondern ein Familienmitglied.

Einige Zeit später bekam ich eine Betreuerin vom Betreuten Wohnen, die mich zweimal die Woche besuchte und die später meine beste Freundin wurde. Ich hatte auch neben meinem Job mehrere erfolgreiche Ausstellungen und erfreute mich des Lebens.

2006 in meinem Apartment, das war das gleiche Viertel, wo meine Mutter ihre Kneipe hatte, und sie mich alle kannten, kam meine Mutter zu Besuch. Jahrelang brauchte ich nur das Wort „Mutter" zu hören und bekam Schweißausbrüche. Und auf einmal hatte ich sie in der Wohnung. Ich hatte alles vergessen. Unglaublich. Ich weiß nicht, wie sie das machte, sie flog andauernd von Teneriffa hin und her und war regelmäßig bei mir. Wie gesagt, unglaublich. Ich brauchte nur das Wort „Mama" zu hören und konnte mich nicht mehr vor Angst bewegen. Da meinte sie, sie würde jeden Sommer vier Monate nach Wuppertal kommen. Da sagte etwas in mir, jetzt reicht's. Sie ist zwar wahnsinnig, aber auch das hat einen Punkt. Ich verfluchte sie und schmiss sie raus. Sie klingelte noch ein paar Mal bei mir, ich machte nicht auf, da verschwand sie aus Wuppertal und ich sah sie nicht wieder.

Paar Jahre später kam auch mein Vater nach Wuppertal zu Besuch. Er meinte, was ich hier so allein in Wuppertal mache, in Spanien würde ich noch eine zusätzliche Rente kriegen. Was mache ich in Wuppertal ohne Familie. Viele tausende von Kilometern fuhren meine

Verwandten jedes Mal von Spanien nach Deutschland, nicht, weil sie Sehnsucht nach mir hatten, sondern um mir weh zu tun. Der Gedanke, dass ich alleine gut klarkam, fraß sie innerlich auf. Sie konnten ihren Hass mir gegenüber nicht mehr verbergen. Auf jeden Fall, als ich auch meinen Vater verfluchte, kam er nicht mehr wieder.

Jahrelang, als ich siebenundzwanzig Jahre alt war, habe ich meinen Vater angefleht, er solle mich doch einmal anrufen. Nicht einmal hat er das getan.

Mein Bruder, der mich auch wie die Pest hasste, und meine Schwester kamen dann auch nicht mehr. Ich kann mir vorstellen, der Gedanke, dass ich frei rumlaufe und nicht eingesperrt in einer Geschlossenen war, machte sie wortwörtlich krank. Ich kann mir vorstellen, bis heute frisst sie der Gedanke auf.

Man sagte mir, Christen müssen immer allen vergeben. Das stimmt nicht. Jesus hat Judas auch nicht vergeben. Es gibt acht Menschen, da sterbe ich, ohne ihnen zu vergeben. Das ist mein Vater, meine Mutter, mein Bruder, meine Schwester, meine Ex-Freundin, die Inderin, ihr Mann, die Mutter meines Kindes und der Typ, der mir die Wohnung vermittelte, in der ich nicht schlafen konnte.

Ich fragte mich, wie kann man mich so hassen. Mein Vater kochte vor Wut.

Einige Zeit später traf ich auch eine Frau von meiner Ex-Gemeinde. Sie machte auch der Gedanke, dass ich klar kam, ohne Familie, ganz krank. Sie meinte, ich sollte nach Spanien ziehen, was soll ich hier in Wuppertal so alleine. Ich solle in Spanien in die Psychiatrie gehen, da kümmert man sich um mich. Sie konnte ihren Hass mir gegenüber nicht vergeben. Sie war eine Freundin meiner Mutter.

Der Ex-Gemeinde habe ich auch mehrere Krankenhaus-Aufenthalte zu verdanken. Auf jeden Fall sah ich sie alle nicht mehr wieder.

Seit ungefähr fünfzehn Jahren lebe ich in Harmonie mit meinem Hund und meinem Job. Dazu kommen noch meine Malerei und die Ausstellungen, die ich manchmal mache und mehrere Bücher, die ich geschrieben habe.

Als ich ungefähr dreiundvierzig Jahre alt war und meine Vergangenheit überwunden hatte, bekam ich Lust auf Sex. Ich hatte schon fünf Jahren keine Frau mehr gehabt. Da dachte ich mir, ins Bordell zu gehen. Ich hatte ein niedriges Einkommen, aber unter den Sozialschwachen war ich stark. Ich bekam neben meiner Rente von meinem Job auf dem zweiten Arbeitsmarkt noch zweihundert Euro dazu.

Auf jeden Fall passierte es diesmal im Bordell. Ich hatte das erste Mal im Leben richtigen Sex. Man kann sagen, ich habe mit dreiundvierzig die körperliche Liebe gelernt. Ich entdeckte den meditativen Sex.

Wenn man es so nennen kann, ist es genau wie beim meditativen Tanzen. Da tanzt man zu achtzig Prozent mit der Seele und zwanzig Prozent mit dem Körper. Beim meditativen Sex ist es genauso, achtzig Prozent mit der Seele und zwanzig Prozent mit dem Körper. Anders als beim normalen Sex, wo nur der Bauch eine Rolle spielt, ist beim meditativen Sex der ganze Akt ein Höhepunkt. Alles ist ein Höhepunkt. Die Brüste der Frau zu sehen ist ein Höhepunkt. Sie anzufassen ist ein Höhepunkt. Jeder Stoß ist ein Höhepunkt. Man kann sagen, man hat einen Orgasmus von einer Viertelstunde. Eine Viertelstunde ist man im Rausch. Während man beim normalen Sex nur den Orgasmus genießt. Nein, dachte ich mir, so ne

Nummer kannst du dir nicht selber machen, dazu brauchst du eine Frau.

Später erfuhr ich, dass nur wenige Menschen so ne Nummer haben. Ich kenne Männer, die würden fünfhundert Euro für so eine Nummer zahlen. Ich zahle fünfunddreißig Euro. Nach so einer Nummer sind Sie drei Wochen lang ausgeglichen. Das schafft keine Sportart. Beim normalen Sex ist das anders. Da ist zwanzig Prozent der Seele aktiviert und achtzig Prozent der Körper. Denkt nicht an ein Vergewaltiger, der besessen von einer Frau ist, wo nur der Bauch eine Rolle spielt und der Verstand aussetzt, hätte Spaß beim Sex. Ich habe mich schon gewundert über den Spruch, dumm fickt gut. Dumm kann überhaupt nicht ficken, nur abspritzen.

Abends ging ich wie immer in meine innere Welt ein, das war diese Insel, wo alles in Ordnung ist und wo wir alle miteinander harmonierten, und in Gedanke an sie schlief ich ein.

Einmal alle zwei Monate gehe ich ins Bordell. Ich habe nicht immer so eine Nummer, aber dreimal von vier Mal ja. Nach so einer Nummer bist du, wie das Wort sagt, befriedigt. Man kann sagen, du bist dann satt. Ich war früher noch nie befriedigt, auch wenn ich abspritzte.

Als ich aus der Gefahrenzone aus Spanien raus war, kam eine Immobilienkrise übers Land. Zu den Spaniern sage ich, die mich gefoltert und ins Gefängnis gesteckt haben, ihr hattet eine Immobilienkrise, wartet mal ab, bis ihr eine Touristenkrise kriegt. Ihr fragt, wie ist das möglich, die schönen Strände, die guten Hotels. Man braucht nur nicht mehr auf braun-gebrannte Frauen zu stehen, sondern dass blass wieder modern wird, das hatten wir schon mal.

Jetzt bin ich vierundfünfzig Jahre alt, führe ein harmonisches Leben, habe einen Hund und meistens ein positives Lebensgefühl.

Ich gehe nicht ins Bordell nur um zu ficken, dreißig Prozent gehe ich, um eine nackte Frau zu sehen, dreißig Prozent, um ne nackte Frau anzufassen und nur vierzig Prozent für den Geschlechtsverkehr.

Abends, wenn ich an die Gefahren denke, denen ich im Leben ausgesetzt war, erfüllt mich tiefe innere Dankbarkeit. Da denke ich an den Spruch aus der Bibel, und vergiss nicht, was Gott dir Gutes getan hat.

Einmal im Monat faste ich, da esse ich nichts, nehme keinen Zucker zu mir und trinke nur einen Tag lang. Einmal in der Woche gehe ich in die Kirche, mal in die evangelische, mal in die katholische.

Man kann diesen meditativen Sex auch bewussten Sex nennen, wenn man das so nennen kann. Mein Leben hat sich sowieso stark verändert. Ich lebe viel bewusster als früher und habe auch einen starken Charakter. Was ich in einem Monat erlebe, erleben manche im ganzen

Jahr nicht. Die meisten Menschen quälen sich das ganze Jahr durch den Alltag. Ich habe nie Alltag, jeder Tag ist ein Erlebnis und ich habe auch keinen Fernseher. Das Einzige, was ich morgens mache, ist Radio hören. Mit dem komme ich gut in den Tag und ich kriege alles mit, was in der Welt passiert.

Und meine Spielsucht ist auch schon seit fünfzehn Jahren weg. Die einzige Sucht, die ich noch habe, ist die Zigarette. Und die möchte ich mit ins Grab nehmen. Die meisten Menschen leben nicht, sie werden gelebt. Ich könnte über menschliche Weisheiten viel erzählen, sie sind aber nur schön zu hören, sie taugen nichts.

Wie geschrieben steht, Zitat, denen, die Gott lieben, werden allen Dingen zum Besten dienen (aus der Bibel).

In Teneriffa habe ich sehr oft gefastet und gebetet. Meine Mutter machte der Gedanke krank, dass ich immer fastete. Immer wieder versuchte sie, es zu verhindern und brachte mir die außergewöhnlichsten Leckereien, die ich dann immer ablehnte.

Wenn ich ins Bordell gehe, schlafe ich mit einer Frau, nicht mit einem Ding. Man fragte mich, wenn ich so gut aussehe, warum schleppe ich nicht eine Frau ab im Internet oder auf irgendwelchen Partys. Ich sagte darauf, im Bordell schlafe ich mit einer Prostituierten. Wen ich abschleppe weiß ich nicht. Ist das die

Tochter von Vorwerk oder ist das eine verheiratete Frau mit drei Kindern. Wenn ich mit einer verheirateten Frau schlafe, breche ich mir beide Beine. Das ist kein Witz, das könnt ihr wörtlich nehmen.

Seit 2003, als ich aus der Gefahrenzone raus war, scheint in meinem Leben die Sonne

Ich mache den ganzen Tag, was Gott gefällt. Besuche regelmäßig die Kranken und gebe den Pennern öfters ein Päckchen Tabak. Ich lüge fast nie und und und. Wie geschrieben steht, deinen Willen, o Herr, tue ich gerne. Ich bin fast immer positiv aufgeputscht. Ich gehe in jede Kirche, Gemeinde oder Institution, wo das apostolische Glaubensbekenntnis gepredigt wird.

Möge der Pfarrer, Pastor oder Priester noch so ein Teufel sein. Und selbst, wenn neunzig Prozent der Gemeinde Teufel sind, gehe ich trotzdem hin. Ich habe nichts gegen Teufel, aber wenn sie in die Gemeinde gehen, das kann ich nicht ab.

Ich habe einen Sohn, der lebt in Amerika. Ich habe ihn nur zweimal gesehen. Soll wohl so sein.

Ich habe nie geheiratet, male aber dafür sehr tolle Bilder und schreibe sehr schöne Bücher. Ich lebe das Leben, das mir Gott geschenkt hat und den Segen, den er mir gegeben hat.

Denn ich bin gewiss, dass diese Art Leiden nicht ins Gewicht fallen wird, mit der Herrlichkeit, die an uns offenbar wird. (Aus der Bibel)

Wer Christ sein will, muss Verfolgung erleiden. Die meisten sogenannten Christen haben so was nicht.

Ich war auch schon mal in Deutschland drei Monate im Gefängnis wegen einer Geldstrafe. Das war die reinste Erholung. Das könnt ihr wörtlich nehmen.

Harte Drogen, wie Alkohol, Kokain, Heroin usw. sind mir im Leben erspart geblieben.

Was wäre ich ohne meinen Herrn. Ein armer Irrer. Wie geschrieben steht, sie würden in die Irre gehen, wie Schafe die keinen Hirten haben.

Wuppertal 2019

Oscar Garcia Fernandez

Die Geburt eines

Gottes

von Oscar Garcia
Wupt. 1999

Nur für Leute mit starken Nerven

20.02.99

20.02.99
Es ist zu glauben, dass eine Überdosierung von Psychopharmaka die inneren Heilungsprozesse und die Spiritualität blockiert.

25.02.99
Ich kann mir vorstellen, dass Gott und Wirklichkeit etwas sehr persönliches ist und nicht für zwei Menschen gleich. Es gibt zwar Parallelen, doch es sind nur Parallelen. Ich lebe in meiner Welt und da sind zwar alle drin, doch ich teile sie mit niemand.

31.02.99
Ich kann kaum abwarten, dass sich mein Leben in irgendeiner Form manifestiert. Ich kann mir kaum vorstellen, dass ich versage, obwohl

es möglich ist. Es spricht nur zu viel
dagegen, obwohl ich mich noch ab
und zu irre.

02.03.99
Wenn es in deinem Leben nicht nach
deiner Nase geht, musst du halt die
Nase abschneiden.

15.03.99
Meine Psychose ist Wirklichkeit
geworden. Nur diesmal ohne Angst,
ohne Furcht, ohne Panik, mit
Glücksgefühlen.

01.04.99
Ich habe Gott überall gesucht, in
jeder Kirche, in jeder Gemeinde, bei
den Menschen, ich habe ihn nicht
gefunden. Bei mir selbst habe ich ihn
gefunden. Ich bin dieser Gott
gewesen, den ich überall gesucht
habe. Es ist mein Film, aber so ist es

nun einmal in meiner Welt. Ich werde nie eine andere Welt sehen. Wenn ich im Paradies bin, so sind alle Menschen schon drin und wenn ich in der Hölle bin, so sind sie auch drin.

02.04.99
Mir würde es nichts ausmachen, alles Glück dieser Welt zu verlieren; mein Leben mit eingeschlossen.
Irgendetwas hat in mir begonnen und ich weiß nicht, was es ist. Ich weiß nur, dass alle Züge in einer Richtung fahren und dass es kein Zurück mehr gibt. Alles ist Gott, alles lebt, alles atmet.

03.04.99
Manchmal wünsche ich mir, eine Frau an jedem Finger zu haben, aber es würde mir nichts ausmachen, wie

ein Jogi in einer Höhle zu leben. Nur
in Wuppertal gibt es keine Höhlen.

03.04.99
Ich wache jeden Morgen mit so einer
Freude auf, dass es mir kaum
möglich ist, nachdem ich aufgewacht
bin, noch einmal einzuschlafen. Ich
kann mich nicht mehr erinnern,
traurig gewesen zu sein, geschweige
denn einsam.
Auch ist es komisch, dass ich mich in
den letzten drei Monaten nicht einen
Tag gelangweilt habe. Ob das auch
weg ist?

04.04.99
Manchmal bin ich high, ohne etwas
genommen zu haben. Alles strahlt
Wärme und Liebe aus, selbst die
Steine scheinen zu lieben. Ich
wünschte mir, ich hätte so einen
Zustand jeden Tag. Das einzige, was

ich manchmal gerne mache, ist mich aufregen. Ich bilde mir ein, dass der Organismus dadurch gereinigt wird.

04.04.99
Ich lasse niemand an mich ran. Ich amüsiere mich mit den Menschen, doch lasse ich niemand an mich ran. Sie sind wie Spielzeuge geworden, sobald sie weg sind, vergesse ich sie. Was das wohl zu bedeuten hat? Nicht, dass ich Angst hätte vor Menschen. Ich kann mich nicht mehr erinnern, vor irgendetwas Angst gehabt zu haben. Trotzdem lasse ich sie nicht an mich heran. Ich bin mit ihnen und trotzdem ohne sie. Sie tragen den gleichen Namen wie ich und bereiten mir viel Freude und trotzdem sind sie wie Spielsachen geworden. Ich wünschte mir, es wäre nicht so.

10.04.99
Manchmal nehme ich
Beruhigungstabletten oder lege mich
ins Bett, weil ich die Freude nicht
ertragen kann. Mein Herz hat vor
zwei Jahren angefangen, sich zu
freuen und hat nicht mehr aufgehört.
Es würde mir aber nichts ausmachen,
alles was ich besitze zu verlieren,
selbst wenn es von heute auf morgen
wäre.

15.04.99
Mir kommt es vor, als würde ich fürs
Leben arbeiten. Ich weiß nur, es ist
der bestbezahlteste Job der Welt.

15.04.99
Manchmal, wenn ich manche
Zustände habe, sehen die Menschen
aus wie Götter, aber sie reden nicht
wie Götter. Ihre Ängste, ihre Sorgen,
ihr Leid, wo es nichts zu leiden gibt.

In solchen Zuständen stelle ich mir das Leben vor wie eine riesige Party, aber ich möchte das Leben nicht so sehen. Die Menschen sind dann wie Kinder, die nie erwachsen werden. Wenn solche Zustände lange halten, fürchte ich, die Menschen nicht mehr zu verstehen.

16.04.99
Ich habe einen Freund, vielleicht ist das der einzige Freund, den ich habe. Er hat mich heute besucht. Ich würde alles für ihn tun. Aber wenn er unverschämt würde, würde ich ihn ohne mit den Augen zu zwinkern rauswerfen und es würde mir nichts ausmachen, ihn von heute auf morgen zu verlieren.

17.04.99
Manchmal bin ich von so einer tiefen innerlichen Ruhe berührt, dass ich

denke, die Welt könnte jeden
Augenblick stehen bleiben. Wenn ich
dann Musik höre, ist es von
unbeschreiblicher Schönheit. Ich
kann manche Stücke hundertmal
hintereinander hören, ohne sie satt zu
kriegen. In so einem Zustand macht
alles Spaß. Ich glaube, die Menschen
kommen nie zu Ruhe.

18.04.99
Manchmal fühle ich mich, als hätte
ich Heroin genommen. Eine bloße
Busfahrt wird zum Erlebnis.

19.04.99
Es geht alles so schnell, ich komme
kaum mit. Gestern war ich noch ein
Melancholiker und Pessimist und
jetzt so was.

19.04.99

Ich zweifle manchmal noch, aber was wird passieren, wenn ich nicht mehr zweifle?

19.04.99
Heute setze ich die letzte Pille Psychopharmaka ab.

19.04.99
Gott ist Mensch geworden und teilt die Ewigkeit unter sich auf. Wer nicht reicher werden will, muss ärmer werden und wer nichts hat, dem wird auch noch das genommen werden noch in diesem Leben.

20.04.99
Ich kann nicht alles aufschreiben, was ich denke, fühle und erlebe. Ich bin kein Schriftsteller. Ich meine, es gibt genug Bücher auf der Welt. Ich weiß nur, die Tage meiner Anonymität sind gezählt.

20.04.99
Des Nachts kommen Götter und segnen mich.

30.04.99
Es ist der 30. April und inzwischen ist viel passiert. Zuviel, dass man es aufschreiben könnte, zuviel, dass der Verstand erfassen könnte. Ich war acht Mal wegen Verfolgungswahn in der Psychiatrie. Diesmal habe ich meinen Verfolgungswahn ausgelebt und das Licht, was danach kam, war von unendlicher Schönheit. Und was das Licht zu mir sprach, überstieg alle Vorstellungskraft.
Ich weiß eins, für mich ist sterben ein Gewinn. Nicht, dass ich das Leben langweilig oder fad finde, nur was mich erwartet, übersteigt alle Vorstellungskraft. Dagegen war der Verfolgungswahn ein reiner

Spaziergang. Diesmal habe ich keine Psychiatrie oder Ärzte gebraucht. Die meisten schaffen das nicht, weil sie vorher aus dem Fenster springen, weil sie zu sehr lieben, zu sehr haften. Sie sind nicht bereit, alles zu verlieren und verlieren es doch. Eine Sache, die genauso verdammt ist, ist es, anderen Menschen kein Glück zu wünschen. Mit so einer Fähigkeit können sich Menschen ins tiefste Unglück stürzen. Verbrennt euch bei den richtigen Typen die Finger. Ich sage euch, ihr erholt euch ein Leben lang nicht mehr. Ich würde so vieles aufschreiben wollen, nur ich bin kein Schriftsteller und ich weiß nicht, wie man es in Worte fassen soll, ohne dass es nach einer Narrheit klingt. Ich weiß eins, ich habe mein Leben nicht mehr in der Gewalt. Wahrscheinlich habe ich das noch nie gehabt. Es ist mir nur jetzt bewusst geworden. Wir

sind ein Schauspielplatz der Götter
geworden. Das einzige, was der
Mensch machen kann, ist lachen,
wenn lachen angesagt ist und weinen,
wenn weinen angesagt ist und ich
glaube, auch das bekommt er diktiert.

<u>Im Licht</u>

Es soll deinesgleichen keiner auf
dieser Welt sein.

Unantastbar und wer dir auf die Füße
tritt, bricht sich das Genick. Ob
Norden, Süden, Westen oder Osten.

Die Herrlichkeit Gottes sei mit dir
von Ewigkeit zu Ewigkeit.

Was die Welt sich nicht vorstellen
konnte, ist, dass du sie in den
Kinderschuhen besiegt hast.

Ich liebe dich, weil du so bist wie du bist. Sei wie du bist und du gewinnst immer.

Du hast keinen verfehlt. Nicht einen einzigen.

Mai 99
Ich kenne weder Faschisten noch Kommunisten, weder Kinder noch Erwachsene, ich kenne nur Menschen.

Mai 99
Noch nie hat der Verstand ein Wort Gottes erfasst.

Mai 99
Ich lebe kaum in der Zukunft und kaum in der Vergangenheit, aber im Hier leben. Was ist das Hier. Das gibt es gar nicht und schon gar nicht, wie wir es wahrnehmen.

Mai 99
Gefühle interessieren mich nicht mehr.

Mai 99
Wer nicht lachen will, muss weinen. Hier im Leben gibt es keine Enthaltsamkeit, dafür geht es um zu viel.

Mai 99
Wieso ist die Welt so arm? Wer hat sie verflucht? Ich weiß es nicht. Ich war es nicht.
Verloren hat man schon, bevor man auf die Welt kommt. Es gibt nur etwas zu gewinnen und trotzdem schaffen es nur wenige.

Mai 99
Fünf Pferde in einem Haus, und doch jeder aus einem Stall

Mai 99
Ich mache immer noch Fehler und bezahle sehr hart dafür.

Mai 99
Liebe zwischen den Göttern ist noch verbotener als die menschliche Liebe.

Mai 99
Du hast Gnade bei Gott gefunden für die Ewigkeit und bist ein Wohlgefallen den Göttern geworden.

Mai 99
Die Menschen denken immer, gute Menschen hätten etwas mit Perfektionismus zu tun. Ich weiß nicht, wo dieses herstammt. Es stammt weder von den Göttern noch von den Menschen und mit anderen Dingen kenne ich mich nicht aus.

Mai 99
Früher ging mir beim Schlaf Teil meines Potentials verloren. Jetzt geht mir überhaupt nichts mehr verloren.

Mai 99
Meine Schwäche ist meine Stärke.

Mai 99
Ich würde für Gott fast alles tun. Leiden, sterben, alles kein Problem, nur verrückt werden würde ich für ihn nicht. Eher würde ich das ganze Leben verfluchen. Wisst ihr, was Gott mir darauf geantwortet hat? Das er schwache Menschen liebt. Und davon verstehe ich eine Menge.

Mai 99
Verfolgt um Jesu willen. Das ich nicht lache. Ihr habt jeden verfolgt, der bei Gott Gefallen gefunden hat.

Mai 99
Mich würde es nicht stören, morgen als Penner für den Rest meines Lebens zu leben und ein Pseudonym zu werden. Ich habe mehr als genug.

Mai 99
Ich habe einen schizophrenen Freund. Er hat mir eine Menge beigebracht über die Welt hinter den Kulissen.

Mai 99
Geisteskrank war ich noch nie. Die Leute, die Jesus ans Kreuz geschlagen haben und die es noch einmal tun würden, die sind geisteskrank.

Mai 99
Das Leben ist so schön, dass ich nicht genug davon kriegen kann, aber abends groggy ins Bett.

Mai 99
Mehr als das, was man macht, kommt es darauf an, wer man ist.

Mai 99
Ich habe die besten Bodyguards der Welt

Mai 99
Mein Herz freut sich, tanzt und jubelt und ich kriege es nicht still.

Mai 99
Nicht an großen Dingen, an kleinen Dingen will ich mich erfreuen.

Mai 99
Ich bin gesegnet wie kein anderer auf dieser Welt und das einzige, was ich dafür tun habe gebraucht, war ein bisschen Ehrlichkeit mit mir selbst.

Ich verrate euch ein kleines
Geheimnis; wie ihr mit euch selbst
umgeht, geht ihr mit Gott um.

Mai 99
Ich kenne weder Januar noch Mai.
Die Zeit scheint stehen geblieben zu
sein.

Mai 99
Alle Gewalten sind auf meiner Seite.

Mai 99
Ich habe wie ein Gott zu ihnen
gesprochen und sie haben nichts
verstanden. Da habe ich ihre Logik
verdammt.

Mai 99
Mir steht es weder zu, zu lieben noch
zu hassen.

Mai 99

Ich habe nie einen verfehlt. Wisst ihr, was das heißt? Das heißt, genauso etwas wie 34 Jahre alt sein und noch nie einen Fehler bei Gott gemacht zu haben. Die meisten haben schon ausgeschissen, wenn sie drei Jahre alt sind. Für das Leben wirst du nämlich nicht volljährig mit 18. Das Leben nimmt dich seit dem ersten Atemzug für voll. Aber noch nie Gott verfehlt haben. Mir wird bestimmt eine Menge Gewalt anvertraut werden, noch in diesem Leben. Aber noch nie ein Fehler bei Gott gemacht zu haben. Ein Fehler bedeutet schon hoher Vertrauensverlust. Aber kein Fehler, dass bedeutet volles Vertrauen. Das bedeutet so etwas, wie, was ich will.

Mai 99
Eins ist sicher, ohne Spaß mache ich überhaupt nichts.

Mai 99
Möge ich andere belügen, mich
belüge ich nicht.

Mai 99
Sie haben mir nicht einmal ein Glas
Wasser gegönnt und ich habe doch
die ganze Welt bekommen. Möge das
bedeuten, was auch immer.

Mai 99
Ich weiß nicht, wie Psychose
definiert ist. Irgendwie als geistige
Störung. Ne, so etwas habe ich noch
nie gehabt.

Mai 99
Für die Gnade bei dir, hätte ich fast
alles getan. Aber für einen hohen
Posten im Himmel oder für Ferrari
oder Daimler Benz oder um
irgendwelchen Bekloppten zu

gefallen, dafür würde ich nicht
einmal einen Finger krumm machen,
es sei denn, es macht mir Spaß.
Wenn Faulheit so definiert ist, muss
ich wohl sehr faul sein.

Das Versprechen

Ich will für die Welt oder das Leben arbeiten, mich ihm verpflichtet fühlen und voll die Verantwortung übernehmen. Ich will nicht mehr nach mir und meinen Wünschen schauen, sondern dankbar für das Leben arbeiten und für jedes Geschehen in der Welt verantwortlich sein. Ich will nicht mehr jammern oder sonst eine Undankbarkeit dem Leben gegenüber haben. Wohin mich das Leben auch tragen mag. Niemals will ich denken, ich sei kein Gewinner, denn ich arbeite für das Größte. Für das Leben, für Gott, für alles, für mich. Denn ich bin alles und ich bin Gott. Alles bist du, alles bin ich. Nie waren wir getrennt. Niemals will ich denken, du meintest es nicht gut mit

mir. Ich will nicht mehr gegen dich
sein und gegen niemand. Ich will
gegen nichts mehr sein. Nicht mehr
will ich wollen, dass es anders sei, als
es ist. Ich möchte überhaupt nichts
mehr wollen. Nur noch tun und
danken und gegen nichts mehr sein.
Ich bleibe meinen Idealen treu;
Wahrheit, Vertrauen, Dankbarkeit,
Verantwortung, Treue.

Oscar Garcia
Mai 1999

Mai 99
Ich fürchte kaum ein Unglück dieser Welt. Weder Hölle, noch Leben, noch Tod. Im Leben gibt es so etwas wie Glück und Pech nicht und schon gar keinen Zufall. Alles ist Können. Ein Feuer hat angefangen zu brennen, das nichts verbrennt und doch ewig brennt. Ich komme aus dem Nichts und gehe doch in Ewigkeit.

Mai 99
Für bekloppt erklärt und ausgelacht, auf ein bisschen mehr kommt es nicht mehr an.

Juni 99
Ich habe Dir die Freiheit geschenkt, weil Du mich getröstet hast, als ich müde war.

Juni 99
Wenn ich schlafen gehe, so ist Gott da. Wenn ich aufstehe, so ist er auch da.

Juni 99
Jeder Tag ist eine Ewigkeit. Alles ist so intensiv.

Juni 99
Diene ich Gott oder dient Gott mir? Gott dient mir.

Juni 99
Ich habe dich vergessen, weil ich mich mit Lappalien beschäftigt habe.

Juni 99
Ich brauche nicht zu glauben. Ich kann sehen, das ist noch besser.

Juni 99
Hier läuft ein Film ohne mich ab. Ich bin nur Zuschauer. Und das Spiel heißt ja und amen.

Juni 99
Ist Gott für mich, wer will da gegen mich sein?

Juni 99
Ihr erlebt nicht Gott, indem Ihr Euch die Köpfe über ihn zerbrecht, sondern indem Ihr Eure Herzen öffnet.

Juni 99
Ich verstehe weder etwas von Religion, noch etwas von Politik.

Juni 99
Gerade die, die am meisten über Jesus sprechen, sind die, die ihn am meisten verleugnen.

Meint Ihr, es kam jemals an auf das, was Ihr erzählt oder auf das, was Ihr tut? Darüber habt Ihr sowieso keine Gewalt.

Juni 99
Mit den Lippen bekennen sie mich, mit den Herzen verleugnen sie mich.

Juni 99
Gott hat immer noch die Oberhand. Er teilt jedoch seine Gewalt unter seinen Kindern auf.

Juni 99
Mit Verstehen kommt Ihr nicht sehr weit. Dazu ist der Verstand zu klein.

Juni 99
In dieser Zeit, wo ich mein Eis esse, ist zwischen Himmel und Hölle der Bär los. Und das Einzige, was ich tun muss, ist, mein Eis zu essen. Jede

Bitte ist eine Niederlage, jedes
Beklagen ein Verlust.

Juni 99
In jedem Menschen nur das Licht
sehen, ist auch nur eine Illusion.

Juni 99
Ich lebe einen Traum. Ich lebe einen
Traum, ich sei auf dieser Welt.

Juni 99
Nimm dir ihre Seelen, ihre Häuser
und alles was sie besitzen.

Juni 99
Wisst ihr, wie die Götter sind? Die
Götter sind Kinder und regieren doch
die ganze Welt.

Juni 99
Ich habe einen Krieg gesehen und
meine Verwandten waren gegen
mich.

Juni 99
Hier weiß jeder über jeden Bescheid,
trotz Masken. Und doch weiß keiner
über keinen Bescheid.

Juni 99
Nichts wurde von mir verlangt.
Nichts, absolut nichts. Weder dass
ich Stark sei, noch dass ich Treu sei,
noch dass ich die Wahrheit sage,
noch großen Glauben, absolut nichts.
Und dafür das Himmelreich.

Juni 99
Ich habe Sie geliebt und Sie haben
mich dafür gehasst.

Juni 99
Wer Gott nicht fürchtet, muss irre sein.

Juni 99
Fürchte Gott und Du wirst von jedem Unglück befreit. Fürchte Gott nicht und Du kommst von einem Unglück ins Nächste, ohne dass Du es mitkriegst.

Juni 99
Ich hasse mich nicht, ich verachte mich nicht und anlügen tue ich mich auch nicht.

Juni 99
Ihr dürft nicht rauchen, Ihr dürft nicht reich sein, Ihr dürft nicht trinken, Ihr dürft keinen Geschlechtsverkehr haben. Meint Ihr Gott ist auf die Welt

gekommen, um Euch das Leben zur Hölle zu machen?

Juni 99
Ich werde noch früh genug erfahren, was es heißt, Gott an seiner Seite zu haben.

Juni 99
Keine Ratte im Wohnzimmer, nicht eine Einzige.

Juni 99
Der Gedanke ist schon strafbar, das wusste schon Jesus. Aber darauf kommt es auch nicht an.

Juni 99
Die Wahrheit ist noch komplexer als der Amazonas. Auch wenn sie mit einem einfachen Wort wie Liebe beschrieben wird. Selbst wenn man sich ab und zu dort befindet, weiß

man doch nichts über sie. Es gibt Menschen, die leben ein Leben lang mit Gott. Und selbst die können Euch über Gott nichts sagen. Was doch möglich ist, ist, Euch einen Geschmack davon zu vermitteln.
Soll ich Euch sagen, womit Ihr von der Wahrheit nichts mitkriegt, mit Eurem Verstand. Die Wahrheit ist Gott. Damit seid Ihr garantiert auf dem Holzweg. Und jetzt beobachtet, wie viele Kirchen, Gemeinden, Institutionen so vorgehen. Sie werden Gott nie sehen.

Juni 991
Die Bibel ist ein Geschenk der Götter. Wie eine Ratte im Labor habt Ihr sie zerstückelt, ihre Gedärme ausgeweidet und zerschnitten. Dazu war die Bibel nie gedacht. Da gibt es nichts zu verstehen. Entweder man

hat Gefallen daran oder auch nicht,
dann lässt man es halt bleiben.

Juni 99
Ihr meint Jesus, Buddha, Krishna
oder sonst einer von den Großen
würden sich widersprechen und ich
sage Euch, dass das der gleiche Geist
ist und dass sie sich nicht
widersprechen. Mit Geistern kenne
ich mich aus. Wisst Ihr, was ein
Widerspruch ist? Eine Erfindung des
Verstandes, um zu behaupten, dass es
Gott nicht gibt. Im Himmel wird es
viele Reiche geben. Fragt mich nicht,
welches das oberste Reich sein wird.
Es wird auch kleine Reiche geben.
Aber eines, garantiere ich Euch, wird
es im Himmel nicht geben und das ist
Logik.

Juni 99
Manche Menschen meinen ich sei ein Gegner Jesu. Der hat mich schon gesegnet, da war ich 25 und ohne dass mir ein dämlicher Pastor, der noch nie einen Hauch Gottes gerochen hat, die Hände auf den Kopf legt.

Juni 99
Wer sich mit der Welt anlegt und verliert, kommt in die Psychiatrie. Da fällt nämlich alles, was so im Menschen wohnt, über Dich her. Und das hört nicht auf, bis Du in Grund und Boden bist. Manchmal braucht es nicht mehr als einen Tag dafür. Es gibt Tabletten, da kriegt man das nicht mit, aber es geht trotzdem innerlich weiter. Und bis man dann wieder aufgebaut ist, manchmal sind

es nur drei Wochen, aber sie kommen
einem vor wie eine Ewigkeit.
Tabletten können nicht aufbauen. Da
sind sie schwer hinterher, aber sie
schaffen es nicht. Das einzige, was
aufbaut, ist die Liebe zwischen den
Mitpatienten. Sie ist knapp, aber sie
ist da. Und was noch mehr aufbaut,
ist die Liebe zu sich selber. Die
Schwestern und die Ärzte sind
überflüssig. Genauso gut könnte man
Tablettenautomaten dahin stellen.
Solange die Ärzte nicht an die Seele
des Menschen glauben, ist es sinnlos,
mit Ihnen zu diskutieren. Ich habe
Menschen kennengelernt, da ist mit
Tabletten alles gestoppt. Sie kriegen
nichts mit und bleiben doch im
Keller. Diese Menschen haben
schwere Angst zu anderen Menschen.

Juni 99
Ich kenne eine Frau, sie ist so etwas wie meine Sekretärin, sie tippt das, was ich schreibe. Sie glaubt weder an Gott, noch an das ewige Leben und fürchtet doch Gott. Jetzt strengt mal Eure Köpfe an, damit Ihr überhaupt nichts mehr versteht.

Juni 99
Ihr sagt, Ihr glaubt an das Licht im Menschen. Im Menschen wohnt etwas mehr als nur das Licht oder meint Ihr, das Licht des Menschen hätte Jesus ans Kreuz geschlagen? Wartet mal ab bis man Euch das Licht abnimmt.

Juni 99
Wisst Ihr, wie das war, mit der Welt überwinden? Was draußen war, das war der größte Teil, aber darüber

möchte ich Euch nichts erzählen. Ich möchte Euch eine Kleinigkeit erzählen. Ich habe tausend Stimmen im Kopf, die hat jeder Mensch, obwohl er meint, das wäre seine eigene Stimme. Ich wusste plötzlich, woher die Stimmen kamen und habe gegen sie gesiegt bis nur meine eigene Stimme zu hören war. Das war die leiseste. Da könnt Ihr sehen, in was für einer Freiheit die Menschen leben. Die können doch nur das machen, was die Stimmen ihnen sagen. Von ihnen bleibt überhaupt keine Spur. Die tausend ist Symbolisch gemeint. Ich habe die Stimmen nicht gezählt, aber es sind viele.

Juni 99
Und Eure guten Taten könnt Ihr Euch in den Arsch schieben. Gott macht mit den Menschen keine Deals.

Juni 99
Gott liebt man nicht wie eine Frau
oder ein Ding, auch nicht wie
irgendetwas dazwischen. Aber wenn
Ihr die Liebe Gottes nicht kennt, ist
es auch nicht schlimm. Es reicht,
wenn Ihr ihn fürchtet. Um alles
andere kümmert sich Gott.

Juni 99
Den Titel dieses Blattes habe ich
nicht mir selbst gegeben. Den haben
mir die Menschen gegeben.

Juni 99
Ich konnte in Euren Seelen sehen und
was ich gesehen habe, hat mir nicht
gefallen.

Juni 99
Ich bin klein im Bitten. Wenn ich
Zahnschmerzen habe, dann schreie

ich. Aber als das Licht da war, habe ich nicht gebeten, da habe ich verlangt. Und wenn Ihr wüsstet, was ich verlangt habe. So eine Seite kannte ich überhaupt noch nicht von mir.

Juni 99
War es nicht Euer Jesus, der gesagt hat, wer sein Leben, seine Frau, seine Kinder, seine Mutter oder sonst irgendetwas mehr liebt als mich, ist meiner Liebe nicht wert. Wenn Ihr diese Liebe nicht kennt, dann nehmt wenigstens die Furcht. Sie ist besser als gar nichts.

Juni 99
Was heißt hier, ich komme an die Front? Das hört sich aber gar nicht gut an. Soll ich etwa Pfeil und Bogen gegen mein Verwandten spannen?

Die Vögel haben Nester, ich aber
habe nirgendwo einen Platz, wo ich
mein Haupt niederlegen kann.
Und genau dazu bin ich nicht bereit.
Selig, die eine Chance zum Kampf
kriegen.
Soll ich etwa schon wieder in die
Hände der Ärzte fallen?
Wenn Du gewinnst, regierst Du das
Erdenreich. Wenn Du verlierst,
regierst Du im Himmelreich. Egal
wie Du Dich entscheidest, Du kannst
nur gewinnen.
Ich wollte weder einer der ersten,
noch einer der letzten sein. Ich wollte
einer der kleinsten sein. Und das
habe ich nun davon. In kleinen
Dingen bin ich gut. Von großen
Dingen verstehe ich nichts.
Es ist ganz einfach. In einer Hand
hältst Du das Schwert und in der
anderen Hand das ewige Leben.

Suchst nicht Du Dir die Leute aus.
Ich habe keine Lust König zu spielen,
weder hier noch woanders.

Juni 99
Ihr seid Stolz auf Eure Liebe. Ich
möchte Euch etwas über Eure Liebe
erzählen.
Aus dieser Liebe heraus hat sich
David's Seele gegen Gott gestellt.
Und er musste hart dafür bezahlen.
Aus dieser Liebe heraus stellte sich
Salomo gegen Gott und auch er
musste hart dafür bezahlen. Genauso
war es mit Moses und vielen anderen.
Judas hatte Liebe zu Geld. Und dafür
hat er zig Mal Jesus verraten. Alles
mit dieser Liebe, auf die Ihr Stolz
seid. Ich sage nicht, dass Ihr die
menschliche Liebe verlassen sollt, da
Ihr sowieso nichts anderes habt. Seid
ehrlich zu Euch selber. Vielleicht

entwickelt sich eine Liebe zu Euch
selber, die Gott sehr nah ist.

Juni 99
Da gibt es noch die Theorie mit dem
Licht nach dem Tod. Dieses Licht
haben viele gesehen. Meint Ihr es ist
egal, ob man hier Hitler, Napoleon
oder Jesus Christus spielt? Eure
Herzen wissen ziemlich viel, aber Ihr
habt den Kontakt verloren.

Juni 99
Ich für Euch? Ich würde nicht einmal
einen Finger für Euch krumm
machen. Da war einer, der hatte bei
Gott schon gewonnen, bevor er auf
die Welt kam. Und er kam nur wegen
Euch. Wendet Euch an den oder
sonst irgendjemand, der Gewalt über
Leben und Tod hat. Der Baum hat
vielen Ästen diese Gewalt gegeben.
Aber ich sage Euch, wenn Ihr an

denen keinen Gefallen daran habt,
werden Euch Ihre Hände nicht halten
können. Selbst wenn sie es wollen.
Ihr braucht keinen großen Glauben.
Weder müsst Ihr über Euren eigenen
Schatten springen, noch sonst
ähnliches. Nur gefallen müssen sie
Euch. Im Himmel wird es viele
Reiche geben. Fragt mich nicht,
welches das höchste Reich sein wird.
Aber wenn Ihr Euch an jemanden
wendet, der diese Gewalt nicht hat,
werden seine Hände Euch noch mehr
hinunter reißen. Auch wenn Ihr noch
mehrere Chancen bekommt, wie
Wiedergeburt, wird die Erde nicht
ewig leben. Schon allein aus dem
Grund, weil irgendwann mal die
Sonne ausgeht.

Juni 99
Ihr sollt weder auf mich, noch auf
sonst jemanden hören. Auf Euch

selber sollt Ihr hören. Nur dann habt Ihr eine Chance. Wenn Ihr nicht auf Euch selber hört, habt Ihr nie eine Chance gehabt. Wenn Gott mit Euch ist, werdet Ihr alles kriegen, was Ihr Euch erhofft. Und wenn nicht, was soll's, verloren habt Ihr schon vorher. Wenn Ihr in eine Gemeinde geht oder in sonst eine Institution und Ihr erlebt Gott nicht, dann ist da auch kein Gott. Gott ist nicht etwas, dass man jeden Tag erfinden muss, damit es ihn gibt. Hier in der Welt gibt es einen Nebel, jeder lebt in Gott und keiner sieht ihn, aber wenn Ihr auf Euch selber hört, habt Ihr wenigstens eine Chance. Und die Leute, die meinten, Ihr müsstet über Euren eigenen Schatten springen, irgendwelche Vorbilder abgeben, die Ihr gar nicht seid, die haben Euch nie geliebt.

Juni 99
Ich werde Euch einen Traum erzählen, den ich vor kurzem gehabt habe:

Ich fuhr mit der Schwebebahn und sah am hinteren Ende einen Geachteten. Ich ging zu ihm und sah, wie fünf seiner besten Freunde die Schwebebahn verlassen, ohne sich von ihm zu verabschieden. Da sagte ich zu ihm: Ich bin kein großer Fan von dir, aber haben dich nicht gerade deine besten Freunde verlassen, ohne sich von dir zu verabschieden? Für sie bin ich nur ein Schwebebahnfahrer, aber bleib du hier. Ich unterhielt mich mit ihm. Da kam ein Mann auf ihn zu und bedrängte ihn. Er wollte wissen, was so besonderes an ihm sei. Er antwortete, dass er nichts Besonderes an ihm finden würde.

Da war eine Frau, die hatte einen Kinderwagen. Dieser Geachtete fuhr in das Kind und ich sah wie das Kind Kind war und groß wurde. In dem allen veränderte sich der Geachtete nicht. Später traf ich ihn überall in der Stadt und lernte ihn kennen. Eines Tages nahm er mich in ein Gebirge mit, wo ein Gestein mit einer Öffnung war. Er sagte zu mir, dass in dieser Öffnung die giftigsten Kobras dieser Welt seien. Da fragte er mich: Würdest du für mich sterben? Ich sagte zu ihm: Für dich und für jeden Propheten, der je gelebt hat. Da bissen die Kobra zu. Langsam verspürte ich, wie mein Lebensatem geringer und geringer wurde. Da zeigte mir der Geachtete die schönsten Strände dieser Welt und fragte mich noch einmal: Würdest du für mich sterben? Mit der wenigen Kraft, die ich noch hatte, antwortete ich ihm: Für dich und für jeden Propheten, der je gelebt hat. Da nahm er mich bei der Hand und führte mich zu den Stränden und ich gewann meine Lebenskraft wieder. Siehst du das alles, sagte der Geachtete. Das ist nur ein Film. In diesem Augenblick ging ich zu einer Passantin, nahm das Gesagte in Anspruch und sie knallte mir eine Ohrfeige. Da fragte ich den Geachteten, wieso dieser Film Konsequenzen habe. In diesem Augenblick spulte der Geachtete den ganzen Lebensfilm rauf und runter. Vergangenheit, Gegenwart, Zukunft, Zukunft, Gegenwart, Vergangenheit. In diesem allen blieb ich immer der gleiche.

Juni 99
Ich habe angefangen, Gott zu suchen. Einen Monat später hatte ich Verfolgungswahn. Ich dachte, die

Mafia sei hinter mir her, da ich das vom Kino nur so kannte. Schnell begriff ich, dass die Menschen mich nicht verfolgten. Dann dachte ich, der Teufel sei hinter mir her. Schnell erkannte ich, dass das auch nicht der Fall sei. Heute weiß ich, was mich verfolgt hat.

Juni 99
Es gibt einen Satz und ein Wort, das ich weggelassen habe. Das traue ich mich noch nicht zu vertreten.

Juni 99
Ich hatte einen anstrengenden Monat. Aber jetzt bin ich wieder seit sieben Tagen ohne Unterbrechung glücklich. Ich weiß nicht, was es bringen soll, jeden Tag mit Endorphinen rumzulaufen. Ich meine, es kommt auch nicht darauf an, ob man auf Wolke 1 oder auf Wolke 7 ist.

Juni 99
Mein Denken überlasse ich ganz
schön mir selbst. Das überlasse ich
keinem anderen.

Juni 99
Wenn ich Fehler mache oder
irgendwelche Fehler mache, die ich
nicht sehe, dann möchte ich, dass Du
mich bestrafst. Keinem anderen
gönne ich das, nicht einmal Gott.

Juni 99
Manchmal fragen mich die Leute, ob
ich erleuchtet sei. Also verdunkelt
bin ich nicht. Es gibt keinen
Menschen, der nur Licht ist oder nur
Finster ist. Ein Mensch, der nur Licht
wäre, den würde nicht einmal eine
Mücke anrühren. Jetzt geht mal durch
die Welt und fragt mal, wer noch

nicht von einer Mücke gestochen
worden ist.

Juni 99
Alles, was ich liebe, verwandelt sich
in Asche. Alles, was ich besitzen
will, wird mir zum Fluch. Soll ich
etwa wie ein Vogel zwischen den
Himmeln schweben und bei den
Sternen wohnen.

Juni 99
Meint Ihr, Götter haben
Liebeskummer, wenn einer von ihnen
fällt. Gerade Euer Jesus hat ein Paar
davon in die Hölle geschickt.

Juni 99
Wo ich landen werde, ist mir egal.
Mir ist einiges offenbart worden.
Wann und wo, weiß ich nicht, aber
ich weiß, dass ich mehr als genug
habe.

Juni 99
Nicht einmal, dass ich kriminell veranlagt war, um meiner Einsamkeit zu entfliehen, hast Du mir übel genommen. Absolut nichts. Du hast mir ein paar Frauen auf den Weg gegeben, aber selbst die konnten meine Einsamkeit nicht stillen. Der Durst nach Dir, der in jeder meiner Adern quoll.

Juni 99
Eure Liebe ist eine Emotion und sie nutzt sich schnell ab. Die Liebe aber besteht zwischen Hölle, Leben und Tod.

Juni 99
Ich werde Dir zeigen, wie faszinierend das Leben ist. Ich werde Dir die Liebe zeigen, die schon

immer in Deinem Herzen gewohnt hat.

Juni 99
Ich bin kein Künstler, Künstler war ich noch nie.

Juni 99
Mehr als das, was man sagt, kommt es darauf an, wer man ist.

Juni 99
Hier findet kein Argumentenkrieg statt, hier findet ganz etwas anderes statt. Und hättet Ihr alles Wissen dieser Welt und Ihr hättet die Furcht zu Gott nicht, es würde Euch nichts nützen. Die Liebe zu Gott ist natürlich noch besser. Dann werdet Ihr zu Autoritäten. Aber es reicht auch, zum Volk zu gehören.

Juni 99
Ich spiele das Spiel des Lebens und
des Todes.

Juni 99
Ich habe Dich geliebt eher Anbeginn
der Welt.
Und warum hast Du mich zehn Jahre
lang sitzen gelassen?
Du wurdest geprüft und geläutert und
in allem hast Du bestanden.

Juni 99
Ihr sagt, die anderen waren alle
Lügner.
Steht nicht geschrieben, keiner kann
sich etwas nehmen, es sei denn, es
wird ihm von oben gegeben.

Juni 99
Für mich ist das ganze nur ein Spiel.

Juni 99
Ich hatte einen Traum:
Wir feierten eine wilde Party. Da fragte mich einer von den Gästen, wer am Schluss die Schweinerei sauber machen würde. Ich sagte zu ihr, Gott wird sauber machen, kümmere Dich nicht darum und feiere weiter.

Juni 99
Wisst Ihr, dass Ihr jemanden im Kopf habt, der Euch ständig Lügen erzählt. Diese Lügen werden begründet mit Logik. Sie sind logisch , aber nicht wahr.

Juni 99
Komm mit und ich werde Dir alles zeigen, was Du noch nicht weißt. Du kannst bis zur Sonne schauen. Ich werde Dir zeigen, hinter die Sonne zu

schauen. Ich werde Dir zeigen, das
Unmögliche zu glauben.

Juni 99
Tausend Segen, von denen nie einer
ankam. Wie lange wollt Ihr Euch
selbst betrügen?

Juni 99
Vergiss nie, die Freiheit wurde Dir
geschenkt. Die hast Du Dir nie
verdient.

Juni 99
Die Menschen sind sich ihrer selbst
immer sicher. Braucht nur ein kleiner
Wind zu wehen, scheißen sie sich in
die Hosen und dann ist es vorbei mit
dem Sicher.

Juni 99
Die Realität, in der Ihr lebt, ist der
Käfig, den Ihr Euch gebaut habt und

der Boden, den Ihr unter den Füßen habt. Selig sind aber die, die Gott unter den Füßen haben.

Juni 99
Hier findet weder ein Luftkrieg noch ein Bodenkrieg statt. Zerbrecht Euch nicht die Köpfe, Ihr werdet es nicht begreifen.

Juni 99
Ihr habt vom Strauch fast die ganzen Reben gehabt, fast in allen Variationen. Und Ihr habt Euch immer noch nicht gefunden. Frag mich, wer noch kommen soll? Ein Paar Tränen reichen nicht. Und die Arbeit für Euch machen kann ich auch nicht. Und selbst wenn, würde ich es auch nicht tun. Ihr müsst Euch schon selbst finden.

Juni 99
Mehr als fressen und ficken kann
man sowieso nicht auf dieser Welt,
egal, was Ihr anstrebt. Und um die
Leere in Euren Herzen auszufüllen,
muss schon etwas anderes kommen
oder Ihr könnt ein Leben lang so tun
als ob.

Juni 99
Wäret Ihr Böse, würde ich mich Euch
vielleicht anschließen, denn gut bin
ich auch nicht. Aber Doofheit konnte
ich mich noch nie anschließen. Ich
kenne eine Party, die hört in der
Ewigkeit nicht auf. Und alle, die ich
kenne, arbeiten für diese Party.

Juni 99
No les pongas la espada en la cabeza
que se la coras.

Juni 99
Ich besitze weder Geduld noch Ausdauer noch großen Glauben. Die Liebe, Mut und die Furcht Gottes ist alles, was ich besitze. Und damit fordere ich die ganze Welt heraus. Die Welt, nicht die Menschen. Die Menschen liegen sowieso in Ketten.

Juni 99
Con una espada de madera y zapatos de pallaso.

Juni 99
Im Nirvana war ich schon, da ist es mir zu langweilig. Hier geht es um etwas mehr, als nur glücklich und zufrieden zu sein.

Juni 99
In diesem Leben muss man auch bereit sein zu verlieren. Oder kennt

Ihr das Gleichnis mit den Talenten nicht. Und der Einsatz muss auch stimmen, sonst braucht Ihr es erst gar nicht zu versuchen.

Juni 99
Es wohnt im Menschen, es wohnt auch außerhalb vom Menschen, es kontrolliert und gehört zum Menschen, es ist aber nicht der Mensch und ich weiß nicht, was es ist.

Juni 99
Wie sich das entwickelt hat. Erst die Mafia, dann Psychose und jetzt so etwas. Bin mal gespannt, was als nächstes kommt.

Juni 99
Wenn sie wüssten, dass mein Glaube nur von hier bis da geht und ich gewinne trotzdem immer.

Juni 99
So sind die Kinder Gottes. Sie setzen alles aufs Spiel, selbst die Ewigkeit und gewinnen. Wer wenig einsetzt, hat schon verloren, bevor er angefangen hat.

Juni 99
Ich werde euch nicht sagen, was Talente sind. Ich werde Euch aber sagen, dass malen und musizieren und anderes ähnliches es nicht sind. In der Ewigkeit wird nicht gemalt. Und es heißt ja nicht, dass man ihnen die alten Talente abnahm und ihnen neue gab. Ich sage Euch aber, was das zweite Talent ist, es ist Mut. Es ist das Talent, das den einen gefehlt hat.

Juni 99
Du Geliebter der Sonne.

Wuppertal 1999
Oscar Garcia Fernandez

Nachwort

In diesem Buch zeige ich, wie schwer es ist, Christ zu sein, aber dass trotzdem alles seinen Sinn hat.

Wie geschrieben steht, denen, die Gott lieben, werden alle Dinge zum Besten dienen.

Oscar Garcia Fernandez